Kulturgeschichtliche Skizzen

Helfrich Peter Sturz

Impressum

Autor: Helfrich Peter Sturz
Umschlagkonzept: toepferschumann, Berlin

Verlag: tradition GmbH, Hamburg
ISBN: 978-3-8424-9380-3
Printed in Germany

Ziel der TREDITION CLASSICS ist es, tausende deutsch- und
fremdsprachige Klassiker wieder in Buchform verfügbar zu
machen. Die Werke wurden eingescannt und digitalisiert. Dadurch
können etwaige Fehler nicht komplett ausgeschlossen werden.
Unsere Kooperationspartner und wir von tredition versuchen, die
Werke bestmöglich zu bearbeiten. Sollten Sie trotzdem einen Fehler
finden, bitten wir diesen zu entschuldigen. Die Rechtschreibung der
Originalausgabe wurde unverändert übernommen. Daher können
sich hinsichtlich der Schreibweise Widersprüche zu der heutigen
Rechtschreibung ergeben.

Tucholsky Wagner Zola Scott Sydow Freud Schlegel
Turgenev Fonatne
Wallace Walther von der Vogelweide Fouqué Friedrich II. von Preußen
Twain Weber Freiligrath Frey
Fechner Fichte Weiße Rose von Fallersleben Kant Ernst Richthofen Frommel
Engels Fielding Hölderlin Tacitus Dumas
Fehrs Faber Flaubert Eichendorff
Feuerbach Maximilian I. von Habsburg Fock Eliasberg Zweig Ebner Eschenbach
Ewald Eliot Vergil
Goethe Elisabeth von Österreich London
Mendelssohn Balzac Shakespeare Dostojewski Ganghofer
Lichtenberg Rathenau Doyle Gjellerup
Trackl Stevenson Hambruch
Mommsen Thoma Tolstoi Lenz Hanrieder Droste-Hülshoff
Dach Verne von Arnim Hägele Hauff Humboldt
Reuter Rousseau Hagen
Karrillon Garschin Hauptmann Gautier
Damaschke Defoe Hebbel Baudelaire
Descartes Hegel Kussmaul Herder
Wolfram von Eschenbach Schopenhauer Rilke George
Bronner Darwin Melville Grimm Jerome Bebel
Campe Horváth Aristoteles Proust
Bismarck Vigny Barlach Voltaire Federer Herodot
Gengenbach Heine
Storm Casanova Tersteegen Grillparzer Georgy
Chamberlain Lessing Langbein Gilm Gryphius
Brentano Lafontaine
Strachwitz Claudius Schiller Schilling Kralik Iffland Sokrates
Katharina II. von Rußland Bellamy
Gerstäcker Raabe Gibbon Tschechow
Löns Hesse Hoffmann Gogol Wilde Gleim Vulpius
Luther Heym Hofmannsthal Klee Hölty Morgenstern
Roth Heyse Klopstock Goedicke
Luxemburg Puschkin Homer Kleist
La Roche Horaz Mörike Musil
Machiavelli Kierkegaard Kraft Kraus
Navarra Aurel Musset
Nestroy Marie de France Lamprecht Kind Kirchhoff Hugo Moltke
Nietzsche Nansen Laotse Ipsen Liebknecht
Marx Lassalle Gorki Klett Ringelnatz
von Ossietzky May Leibniz
vom Stein Lawrence Irving
Petalozzi Platon Knigge
Sachs Pückler Michelangelo Kock Kafka
Poe Liebermann Korolenko
de Sade Praetorius Mistral Zetkin

Der Verlag tredition aus Hamburg veröffentlicht in der Reihe **TREDITION CLASSICS** Werke aus mehr als zwei Jahrtausenden. Diese waren zu einem Großteil vergriffen oder nur noch antiquarisch erhältlich.

Symbolfigur für **TREDITION CLASSICS** ist Johannes Gutenberg (1400 — 1468), der Erfinder des Buchdrucks mit Metalllettern und der Druckerpresse.

Mit der Buchreihe **TREDITION CLASSICS** verfolgt tredition das Ziel, tausende Klassiker der Weltliteratur verschiedener Sprachen wieder als gedruckte Bücher aufzulegen – und das weltweit!

Die Buchreihe dient zur Bewahrung der Literatur und Förderung der Kultur. Sie trägt so dazu bei, dass viele tausend Werke nicht in Vergessenheit geraten.

Über den Vaterlandsstolz

Du bist ein Deutscher. Wohlan, sei stolz auf deinen Hermann, auf den Helden Friedrich, auf Katharina, die Wohltäterin der Menschen! Nenne Leibniz, Klopstock und Lessing der Nachwelt! Nenne Deutschlands Erfinder, wenn England seine Darsteller neben Königen begräbt und Gallien seine Dekorateurs unter die Vierziger setzt![1] Uns fehlen zwar Geschichtschreiber und Redner, aber weder Dichter noch Taten. Dennoch laßt uns gerecht sein und nicht vergessen, daß kaum vor dreißig Jahren noch Gottsched der deutsche Addison war, daß itzt noch Laune, Witz und Grazie im deutschen Boden nur mühsam gedeihen und daß Vaterland und Freiheit in unsrer Sprache nicht viel mehr als Töne ohne Meinung sind. Wenn die Abenakis und die Mikimakis, die Chawanesen und die Cherokesen bei jedem Krieg ihrer Nachbarn die Axt gegen ihre Brüder erheben, kämpfen sie fürs Vaterland?

Wo ist der lebendige Geist, der uns allgewaltig, und zu *einem* Endzweck, ergreifen, der uns an *einer* Kette halten sollte, wie Jupiter die Schicksale hält? Wo ist Regulus' Tugend, Leidenschaft, ein Opfer zu werden fürs Vaterland?

Sprich den Fürsten nicht hohn, freiheittrunkner Jüngling, der du vielleicht als Mann zu ihren Füßen kniest! Und sie verdienen auch deinen Bardeneifer nicht, denn viele unter ihnen sind freundlich und gut und verleihen selbst den Fürstenhassern Brot. Aber träume nicht von Freiheit, solange noch an jedem Hof jeder Laut des Muts verstummt, solang unser Eigentum nur von einer Schatzverordnung zur andern sicher ist, solang unser Blut eine Lands- und Domänenware bleibt, solang wir auf jeden Wink wie Cäsars Kriegsknechte ausrufen:

»Pectora si fratrum, gravidave in viscera matris
Imperat, invita peragam tamen omnia dextra.«

---

[1] »Qui ont de l'esprit comme quatre«, sagte Piron.

Tröste dich damit, daß Freie nicht immer glücklich sind, daß es Sokrates und Phokion nicht waren und daß es Sklaven sein können unter Antoninen.

Über die Verbesserung der Landschulen

Unsre Philanthropen sind nicht damit zufrieden, Menschen für ihren Wirkungskreis zu bilden; sie wollen, wie es scheint, die Gattung veredlen. Die Pflanze soll vollkommner in ihren Töpfen gedeihen und, in die alte Erde versetzt, künftig allen Witterungen trotzen. Was will man nicht alles aus Bauernjungen erziehen? Aufgeklärte, polemische Christen, Patrioten, Weise, die, mit ihrem Zustand zufrieden, gegen alles Leiden gewappnet sind, Philosophen, welche Ursache und Wirkung, Grund und Verhältnis, Wahrheit und Irrtum erklären. Der Knabe soll's begreifen, daß Gehorsam, Zwang und Druck Befestigung seiner Wohlfahrt sind; ein Satz, der dem Greise nicht anschaulich einleuchtet, wenn man ihm seinen Sohn exportiert oder wenn er seinen Acker verlassen und das Land seines Herrn pflügen muß. Und was fodert man, um alle diese Wunder zu wirken? Nur die Kleinigkeit, eine Herde echter Menschenkenner, die, wie Sokrates, spielend Weisheit einflößen und jedem Alter, jedem Geiste verständlich sind, die jeder eigenen Empfänglichkeit tiefsinnig nachspüren, in alle vielartige Triebfedern des Willens eingreifen und jedem Kinde sein verdauliches Teil Unterricht mit der Waage des Sanktorius zuwägen. Ich wünsche unsern Zeiten Glück, wenn die Resewitze, die Basedowe, die Salis, die Rousseaus, die Condillacs so zahlreich sind und wenn man sie für hundert Taler zu jeder Dorfschule mieten kann.

Und doch ist die Frage, was sich von der überfeinerten Erziehung erhält, wenn der abgerichtete Zögling, in die verwilderte Welt geschleudert, unter allen Leidenschaften seines Alters herumtreibt. Wird gegen mächtiges Gefühl etwas übriggebliebener Wortkram verschlagen? und die Ahndung entfernter Folgen den Reiz des Genusses überwinden? auf dem Lande, wo Sklavenarbeit auch wieder Sklavenfreude fodert, wie des Hundes, der seiner Kette entrinnt? Wie behauptet sich Lehre gegen das Beispiel der Alten, das wenig Tugenden predigt? wie ein Sittenspruch gegen manche Erfahrung, daß eine Lüge fruchtet, eine Wahrheit schadet und der Betrug oft besser gelingt als die Redlichkeit? Ferne sei's, daß ich Arbeit und Wünsche würdiger Menschenfreunde tadeln sollte. Ich bin von dem elenden Zustand unsrer Schulen überzeugt; und warum sollten sie nicht verbessert werden können? Aber erwartet keine Sprünge, keine ungeheure Revolutionen, weder im Reiche der Natur noch der Vernunft.

Bildung der Seele bis ins vierzehnte Jahr ist nichts mehr, als was in diesem Alter Ringen und Laufen, Heben und Tragen für den Körper ist, noch nicht bestimmte Anwendung, sondern Übung, Prüfung, Entwickelung der Kräfte. Im jungen Geist ist nichts geschäftig als Gedächtnis und Einbildungskraft; jenes soll genährt, nicht überladen, dieses erwärmt und nicht entzündet werden. Alle Erziehungsarbeit schränkt sich darauf ein, das Vermögen junger Köpfe durch beständige Ermunterung zu der besten Richtung sanft zu lenken und an ihrer Sinnlichkeit vorsichtig zu bauen.

Predigt darum weniger Religion und Tugend, sondern, wie ein großer Schriftsteller sagt, umringt die Seelen der Jugend damit. Laßt alles, was heilige Ehrfurcht verdient, immer in feierlichem Ernst und Würde erscheinen. Tief haftet sinnlicher Schauer und stimmt auf immer Begriffe von Gott und Erwartung eines künftigen Lebens. Auch uns Klügere befriedigt über das Unsichtbare Empfindung mehr als Erklärung, und Wortkram und Beweise verwehn bei dem Knaben wie Schall in der Luft. Lehrt Kinder Wohltun durch Wohltaten lieben, ehrt jede kindliche Tugend, Mitleiden, Güte, Dankbarkeit, pflegt jede junge Freundschaft, die alle Freuden des Lebens verherrlicht, und erstickt in keinem Herzen die Blume Edens, Fröhlichkeit, die freiwillig keimt, aber in ihrer zarten Blüte oft durch einen Hauch getötet wird. Ein froher Knabe wird ohne Kunst ein zufriedener und ein glücklicher Mann.

Wo finden wir Lehrer? Darauf kommt freilich alles an. Schulgesetze, vorgeschriebene Methoden haben noch niemand erleuchtet, und es läßt sich keine Klugheit verordnen. Seminarien sind nur in großen Ländern möglich, und ich verlange keine Kandidaten des Predigtamts, wenn die Schule das Fegefeuer und die Kanzel der Himmel sein soll. Meine Lehrer müssen ihren Beruf als eine gewählte Bestimmung ihres Lebens innig lieben, und fern bleibe von meinem Knaben die Blendlaterne: Kompendiumsweisheit. Ältere Schüler aus den Gymnasien sind selbst nur ältere Knaben, ganz ohne Menschenkenntnis und ohne Sanftmut und Geduld. Nur die Klasse bleibt übrig, aus welcher man unsre Dorfschulen gewöhnlich besetzt, Schulmeistersöhne, Söhne armer Priester und kleiner Beamten, die, fertig im Lesen, Schreiben und Rechnen, einen Schuldienst als das Ziel ihrer Wünsche betrachten und sich bis dahin mit Dienen ernähren. Knechte für den erhabensten Beruf der Menschheit? – Wer hat die Söhne der edelsten Römer erzogen? Ich verlange für meine Bauerjungen keine Lehrer aus einer höheren Kaste.

Meine Bedingungen sind erfüllt, wenn ihr Charakter sanft und folgsam, ihr Verstand offen, unverderbt, ihr Wandel sittlich ist. Ihre Vorbereitung wird in einer Normalschule vollendet, deren Einrichtung Muster und Gesetz für alle Schulen des Landes sein wird. Jeder künftige Schulmeister muß darin ein ganzes Jahr gearbeitet haben.

Zu Lehrern dieser Normalschule sind ein paar aufgeklärte Männer nötig, die reichlich bezahlt werden müssen. Warum sollten sie nicht ebensogut als ein wohlversorgter Priester bedacht sein, der der Blüte wartet, da jene den Baum an der Wurzel pflegen? Warum hat man immer den Erinnerer so sehr über den Lehrer erhöht?

Ich fodre wenig Wissenschaft, nur *eine* Gabe Basedows, ohne welche keine Erziehung gelingt, das Talent, die Freundschaft der Jugend zu gewinnen. Alles ist verloren, wenn der Knabe Unterweisung als eine Plage flieht und sich irgendwo glücklicher als in der Gesellschaft seines Lehrers fühlt.

Religion ist der ehrwürdigste Teil des Unterrichts. Ich rede nur furchtsam davon. Das Christentum ist leider! eine Wissenschaft geworden, und wer begehrt den Rat eines Laien? Allgemein gibt man zu, daß eine brauchbare Anweisung, welche die Glaubenslehren dringend und deutlich und für die Kinder begreiflich enthält, noch unter die frommen Wünsche gehört. Ein solches Lehrbuch ist allerdings schwer. Nicht, weil es nicht angeht, die Wahrheiten unsers Glaubens in einen verständlichen Vortrag zu kleiden, sondern weil man dazu eine Sprache wählen müßte, die den Wächtern in Zion zu unsymbolisch und darum zu gefährlich klingt. Wonne dem wohltätigen Mann, der sich an die bedenkliche Arbeit wagt! Ihn müßte Christus' Lehrart erleuchten, der wenig Geheimnisse predigte, aber innig Liebe empfahl, der gern tröstete, selten dräute und sich immer zum Begriffe seiner Zuhörer herabließ, der nichts tiefsinnig erklärte, sondern durch Beispiele und Gleichnisse sprach und der seine himmlische Weisheit nie durch schulgerechte Schlüsse bewies.

Ins Lehrbuch der Religion gehört zugleich die Moral, eine Frucht des nämlichen Baums. Beide sind Gesetze der Liebe. Alles Glück der Menschen ruht auf dem Rat: Begegne deinem Nächsten, wie du wünschest, daß er dir begegne. Wenn diese Liebe mehr im Herzen als im Verstände, durch Beispiele mehr als durch Worte in der Jugend erweckt wird, so gedeiht sie gern in jedem Busen. Hiemit sollte man, nach dem Rat der wohltätigen Kaiserin,[2] einen faßlichen Auszug der Landesgesetze verbinden; denn der Bauer sollte wissen, was das Gesetz von ihm fodert, damit er es nicht durch unverschuldete Strafen oder mit seinem Untergang durch Rabulisten erfahre.

Ein Satz würde nach dem andern vorgenommen, nicht durch peinliche Verhöre, nicht durch Auswendiglernen ohne Verstand, sondern der Lehrer muß sich nach Schlossers und Rochaus Rat im Ton des Gesprächs mit seinen Schülern unterhalten und jede Wahrheit so lang durch Fragen und Exempel erläutern, bis der Schüler, ohne die Worte des Lehrers zu wiederholen, den Sinn begreiflich machen kann. Eher haftet nichts, und dieser Versuch ist Probe des Eindrucks. Ältere Schüler schreiben ihren Begriff nach Vollendung des Unterrichts nieder. Nichts berichtiget das Erkenntnis mehr, als wenn man zu dem Gedanken den schriftlichen Ausdruck finden muß.

Fertiges Rechnen und Schreiben ist dem Landmann unentbehrlich. Letzteres würde nach gestochenen Vorschriften geübt; es ist ebensoleicht, eine gute Hand als eine schlechte zu lernen. Zur Erholung würde zuweilen aus Gellerts faßlichsten Schriften etwas laut vorgelesen. Strafen bestünden im Heruntersetzen und im Ausschließen von Ergötzlichkeiten; Belohnung, außer dem Heraufrücken, wäre eine Bank im Chor der Kirche, die Bank der guten Schüler genannt. Der Abt von Sagan schlägt Konduitenlisten vor, ein Einfall, der mit den Regimentslisten verwandt ist. Man muß durch die Form die Sache nicht erschweren. Dafür ist's genug, wenn auf jeder Kirchenvisitation jeder Lehrer einige der besten Schüler nennt,

---

[2] »Instruction pour la commission des loix«.

und diese werden mit kleinen Geschenken an Büchern und Kleidungsstücken erfreut.

Aufsicht über die Schulen bliebe bei dem Konsistorium; aber ein Mitglied desselben wird zum Schulinspektor ernannt, der den Superintendenten auf die Visitationen begleitet und die Geschäfte der Schulen in der Versammlung vorträgt. Auf seinen Vorschlag würden auch die fleißigsten Lehrer durch außerordentliche Geschenke ermuntert.

Aber, ruft mir ein wärmerer Jugendfreund zu, die Seele der Bauern ist höherer Aufklärung fähig. Man muß mit einer verständlichen Logik anfangen, als Wissenschaft die Vernunft zu gebrauchen – vermutlich, weil die Professoren der Logik die allervernünftigsten Menschen sind? – Und soll, fragt man ferner, der Bauer in seinem Beruf unwissend bleiben? Nicht den Ackerbau nach richtigen Vorschriften lernen, damit endlich die schädlichen Vorurteile schwinden? – Freilich ist nichts herrlicher als Theorie, und wir würden alle besser chaussiert sein, wenn der künftige Schuster sein Handwerk nach Grundsätzen lernte.

Wird der Knabe seinen Vater bekehren? Oder glaubt ihr, wenn er heranwächst, wenn er endlich selbst ein Eigentümer wird, daß er nun seinen geübten Landesgebrauch auf das Ansehen seines Schulmeisters ändert? Lehrt durch Beispiele, ihr klügeren Wirte! Wenn eure Künste Vorteil bringen, so wird der Bauer sinnlich zur Nachfolge gereizt. Dennoch, fährt mein wohlgesinnter Erziehungslehrer fort, kommt und seht, was in einer höheren Sphäre die Salis, die Basedowe mit ihrer Jugend ausrichten, wie die Rochaue ihre Bauerjungen erziehen! Auf dem Sandfelde hinter meinem Hofe gelang es mir, durch Dünger, Kosten und Arbeit eine grasreiche, blühende Wiese zu erschaffen; aber die Kunst, die Lüneburger Heide urbar zu machen, ist darum noch nicht erfunden. Wer in unserer Welt allein nach hoher Vollkommenheit ringt, wird viel Vortreffliches sagen und wenig Gutes tun.

Bittschrift an das künftige Erziehungstribunal

Wenn euch ein Vater des Volks einst versammelt, o ihr Freunde der Jugend, so erwägt auch mein Leiden und eifert gegen das Vorurteil, dessen Opfer ich bin. Ich und meine Schwester sind Zwillinge und uns äußerlich so ähnlich wie die Blätter eines Baums, aber eine parteiische Erziehung hat uns zu ganz verschiedenen Geschöpfen gemacht. Mich Arme gewöhnte man früh, meine Schwester als eine vornehmere Person zu betrachten. Sie nahm bei jeder Gelegenheit den Rang über mir. Sie allein wurde belehrt und gebildet, und ich wuchs wie eine Bäurin heran. Sie wurde im Zeichnen, Schreiben und in nützlichen Kenntnissen unterwiesen, ich, wie eine Magd in der Familie, nur zu verächtlichen Arbeiten geübt, und wenn ich es wagte, die Nadel oder die Feder zu ergreifen, so waren empfindliche Schimpfwörter, ja nicht selten die Rute mein Lohn. Ist es nicht ungerecht, alle Zärtlichkeit an *einem* Kinde zu verschwenden? anerschaffne Fähigkeiten nicht zu entwickeln? eine Rangordnung unter Geschwistern zu dulden, die alles wechselseitige Vertrauen aufhebt? – In unserm Hause fügt es sich zum Unglück, daß wir beide unsre Brüder und Schwestern ernähren müssen, und diese Sorge fällt größtenteils auf meine wohlerzogene Schwester. Man setze den Fall, daß sie bettlägrig würde (und sie ist leider! mit Gichtflüssen geplagt), müßte denn nicht Hunger und Elend unser unvermeidliches Los sein? Denn ich bin nicht geschickt genug, einen Bettelbrief zu schreiben, und muß mich auch zu diesem Aufsatz fremder Hände bedienen. Sie kann sterben, und so bleibt unsrer verlaßnen Familie keine Versorgerin übrig.

O gebieten Sie den Eltern gegen alle ihre Kinder eine ungeteilte, unparteiische Liebe. Ich bin

Ihre demütige Dienerin
die linke Hand.

Der konzipierende Anwalt sah einen Knaben in England, der mit beiden Händen gleich fertig schrieb ohne irgendein Kunststück, als daß man ihn gewöhnte, die nämliche Vorschrift wechselsweise mit der linken und rechten Hand abzuschreiben; denn beide Hände müssen gleich geübt werden, wenn die Schrift sich ähnlich bleiben soll. Als Jouvenet durch einen Schlagfluß gelähmt ward, fing er mit glücklichem Erfolg an, mit der linken Hand zu malen, und es ist nach einem seiner historischen Gemälde ein Kupfer mit der Unterschrift bekannt: P. nbsp;Jouvenet dextra paralyticus sinistra pinxit. Jeder Instrumentspieler erfährt, wie gelehrig die linke Hand sei. Die Sache verdient aller Erziehungsphilosophen Aufmerksamkeit.

Ein Rangstreit

Es ist doch ein wichtiger, verwickelter Streit, der neulich bei einem Gastmahl entstand, ob die Frau eines Doktors der Heilkunst über oder unter einer Doktorin der Rechte sitzen müsse. Unsere Stadt ist darüber in Parteien geteilt, aller freie gefällige Umgang gestört, Freundschaften sind auf ewig vernichtet, und das Feuer der Zwietracht glimmt und lodert, ohne daß ein Biedermann Wasser herbeiträgt; denn die Sache, versichern unsere Genies, betrifft ein leeres Weibergezänk und ist unter der Würde der Weisen.

Hohn über alles, was vormals ehrwürdig war, Ekel an aller Untersuchung sind Hauptzüge unserer philosophischen Zeit. Wir haben so tief in das Wesen der Dinge geforscht, daß wir endlich auf tauben Sand geraten sind; alles ist so glücklich zum Vorurteil, zum Betrug unserer Vernunft und unsers Gefühls, zum Nonsens und Wortkram herabgespöttelt, daß nichts mehr der Mühe unserer Betrachtung verlohnt. Der Zirkel unserer Ideen zieht sich schneckenartig, immer in engere Kreise, nach einem unmerklichen Punkt hin. Wir haben alles zugrunde vernünftelt und brüsten uns nun auf den Ruinen unserer Glaubens-, Denkens- und Lebenssysteme.

Rang ist nicht, was die Grübler versichern, Erfindung der verkünstelten Gesellschaft, Stolz der Toren, eitle Repräsentation, sondern ein ewiges Grundgesetz der ganzen Natur. Ist es nicht allgemeine Eigenheit der Materie, ihren Platz zu behaupten? nicht das erste Gesetz der Bewegung, andere Wesen aus ihrem Platz zu verdrängen? Alle Weisheit der Newtone und Kepler ist Kenntnis des Ranges unter den Substanzen und Sphären; sie waren die Heraldiker der Natur; sie haben das Wirkungsvermögen der verschiedenen Körper, wie noch jetzt in blühenden Republiken geschieht, nach dem Inhalt ihrer Massen berechnet. Auch die dem Menschen über andere Tiere verliehene Herrschaft war eigentlich nichts als ein Vortrittsdiplom.

Außerdem ist es auch in großen und kleineren Staaten so gleichgültig nicht, welche Stelle mir unter meinen Mitbürgern zukommt. Es ist nicht einerlei, ob ich bei einem festlichen Mahle neben einem Vater der Stadt oder einem Zollschreiber sitze; ob meine Ehrfurcht, mein beifälliges Lächeln gemerkt wird und wuchert oder in der

Ferne verlorengeht; ob meine Hand gelegentlich an dem weichen Arm der Frau Bürgermeisterin hinstreift oder auf eine grobe Summarie stößt; ob ich, mit einer Kennerzunge, Nachbar eines unbedeutenden Zwischengerichts oder eines seltenen Wildbratens bin; ob mir der erste Geist des Champagners oder die trübe Neige der Flasche gebührt. Auch der starrende Blick des gaffenden Haufens, auch die Demut der Aufwärter schmeichelt, und es ist immer ein ehrenvolles Recht, im Angesichte seines Vaterlandes zuerst bedient und gefüttert zu werden.

Der Streit zwischen den beiden Doktorgattungen ist auf den ersten Blick ein ungleicher Streit. Gegen die einzige Heilkunst ziehen ein paar handfeste Kämpfer, das Zivil- und kanonische Recht, zu Felde; aber desto rühmlicher ist auch der Triumph, wenn der einzele siegt. Es wird darauf ankommen, welche von beiden Künsten älter, nützlicher, allgemeiner, welche mehr geehrt und mächtiger in ihren Wirkungen ist. Alter hat ein Recht auf die Achtung der Jugend; selbst die blinden Heiden zürnten, si iuvenis seni non assurrexit, und es war eins von Lykurgs Gesetzen, dem Alter ehrfurchtsvoll zu begegnen. Ich will dadurch den edlen Stolz meiner jungen Freunde nicht tadeln; ich weiß, daß ohne Gefühl eigener Kraft, ohne Verachtung aller Vorgänger und Zeitgenossen kein Drang und Sturm entsteht, kein Adlerflug des Geistes gelingt; aber wenn es auf Rang unter Wissenschaften, auf die Etikette vor der Welt ankommt, so geht doch die ältere vor. Nun aber ist die Heilkunst bekanntlich eine Zwillingsschwester der Sünde und nur wenige Tage jünger als das menschliche Geschlecht. Die Schlange ist noch das Symbol des epidaurischen Gotts, weil sie mit der ganzen Geschichte vom Moses, der nach der neuen Gelehrsamkeit Bacchus ist, in die griechische Mythologie geriet. Im Paradies gehört also die Heilkunst zu Haus. Adam war der erste botanische Arzt und verordnete ein Feigenblatt gegen die Wallung im Blut; aber in keinem Paradies von einigem Ruf, weder in Rudbecks schwedischem Eden noch im Eden von Schottland, wovon Edinburgh abstammt, wird man eines Doktors der Rechte gewahr.

Die Ärzte zählen unter ihren Vorfahren Götter, die Chirone, die Apollen, die Äskulape; der einzige juristische Gott Minos dürfte ihrem Stolze wohl nicht schmeicheln, denn er war ein Gott der Hölle.

Aber nützlicher, ruft man, ist die Rechtswissenschaft doch, welche den bürgerlichen Frieden erhält, dem Laster steuert, die Habsucht bändigt, unser Eigentum und die Unschuld beschützt. Allerdings, aber nur, behaupten ihre Widersacher, in dem seltenen Fall, wenn der Text und die Glosse deutlich sind; auch sei es nicht sicher, wider Große zu klagen, ein freundloser Armer werde nicht immer gehört, man wisse nicht, ob der unter Zweifeln taumelnde Richter, wenn er um die Wahrheit würfelt, auch glücklich trifft.

Zwar beschuldigt man auch die Arzneiwissenschaft, daß sie oft mehr niederreißet als bauet, die Natur in ihrem Gange verwirrt und, einer kühnen Wahrsagerin gleich, auf zweideutige Kennzeichen Trugschlüsse baut, ja, um einen Einfall durch Versuche zu prüfen, zuweilen Menschenopfer erlaubt, nach dem alten Gesetze der Schule, fiat experimentum in corpore vili. Sie kann, wie man sagt, nicht geben, nur nehmen. Ihre Taten sind höchstens purgare, seignare und für die Dilettanti clysterium donare. Wer mäßig und der Natur gemäß lebt, kann den Arzt und seine Geheimnisse missen; und wenn die Natur nicht mehr wirkt, so wird die Kunst aus ihren Büchsen auch keine neuen Säfte mischen. Sie hat vielleicht in einzelen Fällen manches unnütze Leben gerettet, aber nicht die Sterblichkeit im allgemeinen vermindert. Die Kunst mag unsere Achtung verdienen, aber man kann sie ohne den Künstler nicht rufen. Dennoch haben vernünftige Ärzte viel würdige Männer der Welt und ihren Freunden erhalten, oft das Wohl ganzer Reiche durch ein Pulver gerettet, und Senftel[3] hätte durch eine Purgans die Ruhe von Deutschland befestigen können.

Wenn das Recht nur Geringere zwingt, wenn der Mächtige seiner Aussprüche spottet, wenn es wie ein Spinnengewebe nur Fliegen hält und Hornissen durchläßt, so entscheidet die Heilkunst gebieterisch am Thron; ein Sultan zittert vor seinem Arzt, der Fürsten und Knechte unter die nämliche Sprütze zu demütigen weiß.

Darum wurden auch immer die Ärzte von den Großen geschätzt. Als Julius Cäsar vor Pharmacussa sein ganzes Gefolg entließ, behielt

---

[3] Der große Blatternpraktikus.

er niemanden als seinen Arzt,[4] den Plutarch seinen Freund genannt hat.[5]

Dem Antonius Musa, einem Arzte des Augusts, ward neben Äskulaps Bilde eine Ehrensäule errichtet.[6] Mir ist nicht eine Bildsäule bekannt, die einem Doktor der Rechte gesetzt ward, und auch kein Kaiser, der einen Professor der Pandekten zu seinem Freunde gewählt hätte. Als die Griechen aus Rom vertrieben wurden, nahm zwar das Edikt die Ärzte, aber keinen Rechtsgelehrten aus.[7] Heil uns, wäre Friedrich des Dritten Edikt zum Glücke für Deutschland zustandegekommen![8] »Nam sine causidicis et legistis satis felices olim fuere futuraeque sunt urbes ac respublicae«, ruft der weise Columella hinter seinem Pflug aus.[9]

In jeder Vergleichung gewinnt die Heilkunst; wenn die Rechtswissenschaft ihre Gesetze verdreht, so hat man nie einem Arzt vorgeworfen, daß er nur *ein* Gesetz der Natur verändert habe. Wenn der Fleiß eines ganzen Lebens den aufrichtigen Arzt belehrt, daß er nur wenig wisse, so nimmt es Cicero auf sich, in drei Tagen ein Rechtsgelehrter zu werden.[10] Ja, die Arzneiwissenschaft gibt der Rechtswissenschaft Brot. Würde diese so viel Erbschaften teilen, wenn jene nicht für Erbfälle sorgte?

---

[4] Sueton im »Cäsar«.

[5] Plutarch, »Leben Cäsars«.

[6] Sueton, »Leben Augusts«.

[7] »Et cum Graecos Italia pellerent, excepisse medicos.« (Plin. Sect. nbsp;VIII.)

[8] Daß alle Doctores der Rechten im Heiligen Römischen Reich Deutscher Nation am Kammergericht bei keinen Rechten und in keines Fürsten oder andern Räten mehr gelitten, sondern ganz abgetan werden sollen, weil ihnen das Recht mehr denn den Laien verschlossen ist, und kann ihrer keiner einen Schlüssel dazu finden, bis beide Teile arm werden oder gar verdorben seind. Sie seind Stiefväter und nicht die rechten Erben der Rechten, denn sie nehmen ihnen den Grund der Wahrheit und bringen durch ihren unordentlichen Geiz das Recht zu einem solchen Unglauben, daß kein Fromm sein Vertrauen darein mehr setzen kann. (Kaiser Friedrich des Dritten Reformation vom Jahr 1441. Beim Goldast in den Reichssatzungen)

[9] »De re rustica« L. 1.

[10] »Si mihi homini vehementer occupato stomachum moveritis, triduo me iurisconsultum esse profitebor.« (Cicero, »Pro Murena«)

Beide sprechen ihr Urteil, aber die Heilkunde ohne Widerspruch, über Tod und Leben, ohne daß ein Rechtsmittel übrigbleibt; denn ihre Attentaten und Nullitäten bedeckt das verschwiegene Grab.[11]

Also »cedat stylus gladio!«[12] die Palme gebührt der Arzneiwissenschaft.

Ein Arzt tritt über einen Doktor der Rechte; ein Chirurgus über einen Lizentiaten; Okulisten, Dentisten über alle Notarien; ein kurierender Scharfrichter geht dem Winkelschreiber vor und jede Frau, die Pflaster verfertigt, jeder Frau, die für ihren Mann dekretiert.

Die Rechtsgelehrsamkeit wird sich zum erstenmal ein philosophisches Ansehn geben, wenn sie ohne Murren zurücktritt.

»Was ist nun der Sinn von diesem Geschwätze?« hat mich ein Bekannter bedächtlich gefragt. »Sie ziehen also den Arzt dem Rechtsgelehrten vor, oder vielmehr, Sie verspotten wohl beide?« – »Meine Absicht, Freund, war, durch ein Beispiel zu zeigen, wie leicht es sei, mit Quacksalberstolz allen Ständen entgegenzuspötteln, nur seiner Kaste, seiner Gattung Verdienst, seiner eigenen Innung Wert zu erhöhn.« – Es ist billig, daß jeder seine Salbe verkauft. Ich verzeih ihm auch das Glockengeläut, womit er Händeklatscher und Kunden herbeiruft; aber der unbefangene Zuschauer lächelt, wenn der Freigeist den Priester, der Dichter den Philosophen, der Arzt den Juristen, dieser den Literator, der flache Weltmann alle verachtet; es wird ihm schwer, gelassen zu bleiben, wenn der müßige Schöngeistler aus seinem Lehnstuhl dem nützlichen Geschäftsträger hohnspricht.

Segnender ist kein Menschenfreund als ein vorsichtiger Arzt, der die Träne des Vaters, des Freundes trocknet, oft, wie Herkules am Rande des Cocytus, die fliehende Seele einer zärtlich geliebten Gattin ergreift. Es ist wahr, in volkreichen Städten ist er für Reiche, die mit Krämpfen und Langerweile geplagt sind, oft bloß ein Bedürfnis

---

[11] Der Medicinae Doctor Ratcliffe wollte seine Pflasterer nicht bezahlen. »Du hast«, sprach er, »schlechte Arbeit gemacht und sie nachher mit Erde bedeckt«; »und das ist«, gab der schlimme Pflasterer zur Antwort, »meine schlechte Arbeit nicht allein, die mit Erde bedeckt wird.«

[12] Cicero, »Pro Murena«.

der Üppigkeit; aber gleichwohl wird daselbst die Gesundheit mit so viel Scharfsinn verdorben, daß sie ohne Scharfsinn und Kunst nicht wieder gestützt werden mag. Und wenn eine giftige Seuche herumschleicht, wenn der tausendarmige Tod unter wehrlosen Opfern umher würgt, dann erhebt sich der Arzt zur Heldentugend, bekämpft wie Theseus den Minotaurus, wird gleich dem Curtius und weiht sich dem Vaterlande.

Als der persische König dem Hippokrates an seinem Hofe Achtung und Reichtümer antrug, war die Antwort nicht edel: ich bin mich meinem Vaterlande und nicht den Barbaren schuldig; die Tat nicht groß, daß er eilte, sich einzuschließen in dem leichenvollen Athen, zu ringen mit der schrecklichen Pest, die noch in Thukydides' Gemälde die Seele durchschauert?

Und der Wächter der Gesetze, bauet er nicht an der Wohlfahrt des Staats? Oder wollt ihr, daß Sicherheit und bürgerliche Ruhe wieder weiche dem ewigen Krieg aus der Jugend der Menschheit? Aber eure meisten Juristen, sagt ein grämlicher Mann, haben keine Einsicht in die Staatsverwaltung, keine Philosophie, keine Kenntnis der Welt, keine Geschichte, keine Literatur, auch nicht ein Scherflein echten Witzes – und ich vollende das Bild – sie verstehen auch weder zu singen noch zu flöten – sie tanzen vielleicht schlecht und malen erbärmlich – aber verlangt ihr von Mansfield einen schottischen Triller? Fodert ihr, daß Crébillon Regenten erziehe? Hat jemand Squire Fieldings Meinung in irgendeinem Staatsrat begehrt? Würdigt jeden nach dem Maßstab seiner Bestimmung! – Verdient ein Richter Lob oder Tadel, wenn er kaltblütig prüft, nicht schwärmerisch schwindelt? wenn er feierlich und ernsthaft spricht, nicht schöngeisterisch faselt? Erwartet ihr Urteile oder Epigramme von ihm?

Endlich der Priester, der alle wohltätige Pflichten als Gesetze eines Gottes der Liebe verkündigt, die Schauer seiner Allmacht verbreitet, Gefühle für die höhere Tugend und Ahndungen einer lohnenden Zukunft erweckt; was könnt er nicht sein? zum Troste der Leidenden, zum Schrecken des Lasters, zur Erhaltung aller Bande der Menschheit – wenn ihn jetzt noch die heilige Würde umstrahlte, welche ehemals mehr die Religion als ihn selber erhob? Aber man hat seinen Stand herabgewitzelt; er wird verlacht, wenn er an Geheimnisse glaubt, geschimpft, wenn er an alten Bekenntnissen festhängt; er will also streben gegen Verachtung, verbessert, erklärt, mäkelt und dingt, lehnt sich auf gegen die symbolische Knechtschaft, gibt vieles preis, um nur etwas zu retten; der ehrwürdige Gottesgeweihte sinkt zum menschengefälligen Schwätzer herab. Alle tätigen Stände streben und wirken im endlosen Kreislauf des Ganzen; jede Fertigkeit, jedes Talent ist wichtig, im Gleise, welches die Vorsicht beschreibt. Nicht allein wer am Ruder sitzt, bringt das Schiff weiter; andere spannen die Segel, andere richten das Tauwerk; wer im Maste wacht, entdeckt; wer den Anker wirft, rettet; entbehrlich ist vielleicht niemand am Bord, als eine Gattung munterer Genies, die Geiger und Pfeifer und Märchenerzähler. In langweiligen Windstillen hört man sie gern und jagt sie vom Verdeck in der geschäftigen Zeit; denn sie lärmen und stören und fördern die Fahrt nicht.

Herrn Paridon Zeisigs Klagschrift ans Publikum

Meiner lieben Vaterstadt ist es bekannt, daß ich seit manchen Jahren keinen Aufwand, keine Mühe scheue, um mich über die Kaufmannsklasse zu erheben, an die mich eine zufällige Geburt und die ungebildete Denkungsart meines Vaters gefesselt hat. Jedermann weiß, daß ich nichts in meiner Bude verrichte, die allein von meinem Bedienten besorgt wird, daß ich unter dem Adel Freunde besitze, daß ich mich nach der jüngsten Mode kleide, und doch nehmen sich die Spötter heraus, mich Baron Zuckerhut zu nennen. Es ist wahr, mein Kram ernährt mich; aber ist man darum ein Bauer, weil man von den Einkünften seiner Landgüter lebt? Ist Richter Flink ein Rechtsgelehrter, weil er seinen Staat von den Sporteln führt, die ihm sein Schreiber erwirbt? Wer hat mich jemals hinter dem Pulte oder in einem alten roten Mantel, gleich dem geschäftigen Pöbel auf der Börse, ertappt? Wer hat mich nicht täglich entweder zu Pferde, im Phaethon oder in der Komödie gesehn? Gleicht meine Tafel einem bürgerlichen Tisch oder meine Gesellschaft einem Kränzchen im Keller? Ich verdiene die kahlen Einfälle nicht, daß jeder meiner Schritte eine Brabanter Elle groß sei, daß ich süßer bin als meine Ware, daß mein Kredit bei Vernünftigen falle und daß mich ein halb Dutzend Mädchen mit Protest zurückgewiesen habe. Mir entwischt gewiß nicht ein Wort, das nach der niedrigen Hantierung schmeckt, denn ich habe das alberne Zeug vergessen. Wenn man mich aufbringt, so weiß ich ein Mittel, den Hohen im Lande noch ähnlicher zu werden, nämlich meine Wechsel nicht zu bezahlen.

Über Titel

Kamiran aus Indien brachte nach Frankreich, wo er Geld zu fodern hatte, einen Brief an einen Herrn mit, der Markgraf, Ritter eines königlichen Ordens und Herr (die Aufschrift nennte nur Namen) von sechs Provinzen, Städten, Dörfern oder Gütern war. Er fand seinen Mann nach langer Nachfrage in einer kleinen Gasse, auf dem vierten Stock eines elenden Hauses; er war Schiffslieutenant, trug das kleine Ludwigskreuz, war Kadett einer Familie, die ehmals Güter besessen hatte, und lebte kümmerlich von einer kleinen Pension.

Kamiran, über den Titel und den Mann noch ganz nachdenkend, hörte in einem Café, que Monsieur Necker étoit l'homme du premier merite en France. Und keinen Titel als Monsieur! dachte er bei sich. Den muß ich besuchen. Er fragte sich bald hin. »Ich will Monsieur Necker kennenlernen.« – »Das wolltest du, Pavian!« rief ihm der Schweizer entgegen. »Monsieur hat sich mit einem Paar Herzogen eingeschlossen, und dann wird er gleich zum Könige fahren.«

Kamiran ging und murmelte in sich: »In diesem Lande sehen die Menschen ihren Titeln nicht ähnlich.« Aber wie erstaunte er, als er andre Titel in Europa und ihre Bedeutung erfuhr. Da, sagte man ihm, gab es einen Beschützer des Glaubens, der den nämlichen Glauben aus dem Lande vertrieb; mehr als *ein* Mehrer des Reichs hat das Reich gewaltig vermindert; der Knecht der Knechte Gottes behauptet seinen Rang über Könige. Man erzählte ihm den unermeßlichen Abstand zwischen Sire und Messire, le Sire und pauvre Sire, von der Würde eines Grafen des heiligen Palastes, die für wenige Taler feil ist, von den Millionen gnädigen Herren und Frauen, deren Gnade niemand begehrt, und von einem ehrwürdigen Herrn, der neulich in London gehenkt ward. Er fand unsre Gebräuche unerklärbar und seltsam.

»Aber wie«, fragte man ihn, »pflegt ihr in eurem Lande euern Nabob zu nennen?« – »Der Nabob«, sagte Kamiran, »ist ein Verwandter der Sonne; sie geht nie in seinen Staaten unter; er ist die Rose der Freude und der Morgentau des Glücks; Könige zittern vor ihm, und er beschützt die Unterdrückten.« – »Aber er läßt sich's gefallen«, fiel man ihm lachend in die Rede, »daß ihn der Offizier einer Kaufmannsgesellschaft absetzt.«

Unsre Begriffe müssen sich noch heller aufklären, ehe wir der hohen Einfalt der Alten näherkommen. Die Archonten und Ephoren in Griechenland, die Konsule, Tribunen, Prätoren in Rom drückten ganz bestimmt ihre Ehrenämter aus. Die mohammedanischen Könige sind Vettern des Propheten; unsre Könige haben ihre Cousins, die nicht näher mit ihnen verwandt sind. Ein König von England mußte, einer mächtigen Partei zu Gefallen, eine hohe Stelle an jemand vergeben, den er haßte; der Minister, um seiner Empfindlichkeit zu schonen, brachte das Patent ohne Namen nach Hof: »Whom shall I put in?« – »Put the devil in.« – »And shall he be called your majesty's trusted and wellbeloved cousin?«[13]

»Très haut, très puissant, très glorieux« usw., redete ein Stadtsyndikus Heinrich den Vierten an. »Ajoutés très las«, sagte der König und eilte weg.

Jedermann belacht und verachtet die Titel, und doch werden auch Vernünftige beleidigt, wenn man ihrem Titel nur eine Silbe abkürzt. Rabenern schrieb ein Landedelmann »Wohledler Herr«; »Geborner Herr«, schrieb er ihm gleich wieder zurück. Ein aufrichtiger Deutscher schrieb an Pius den Vierten »Pio nbsp;IV., servo servorum dei« und ward dafür in den Kerker geworfen. Ein Mylord begegnete einem seiner Bekannten: »Wie leben Sie, wertester Freund?« – »Recht wohl, wertester Freund!«, und die wertesten Freunde wurden unversöhnliche Feinde. Im Shakespeare wird Cäsar einigemal Mylord genannt. Der Dichter schrieb für den Hof der Elisabeth, and she was a most courteous princess.

Nur im äußersten Norden, wo sich noch immer alte Sitte erhält, kennt man unsre Erfindungen des herabgesunkenen Menschenverstandes nicht. Ein Normann nennt seinen Monarchen noch du. In der neuern Zeit kam zu einem dieser Könige ein Bauer mit einem Buch in der Hand. »Hier«, sprach er, »hast du dein Buch wieder. Wir brauchen's nicht weiter, denn es wird nicht gehalten.« – Es war das nordische Gesetzbuch; der Bauer wurde von seinem Amtmann

---

[13] »Wen soll ich hineinsetzen?« – »Den Teufel!« – »Aber soll er Euer Majestät hochbetrauter und geliebter Vetter genannt werden?«

gedrückt, und der König half und strafte. Eigentlich hätte er sagen müssen: »Euer Königliche Majestät geruhen allermildest sich alleruntertänigst vortragen zu lassen.« – Hätte das wohl kräftiger gewirkt?

Nichts ist abgeschmackter als ehrwürdige, gebräuchliche Titel, von unbedeutenden Menschen usurpiert. Der Kanzler[14] in Frankreich und in Bopfingen, Magnifizenzen sans aucune magnificence. – In einer Stadt von Deutschland nennt man die Senatoren Euer Herrlichkeit. Ein Fremdling von kurzem Gedächtnis wollte sich den Titel durchs Vaterunser erinnern und nannte seinen Gönner Euer Ewigkeit.

Titel ohne Macht werden lächerlich, und Macht kann der Titel und des Gepränges entbehren. Als der Staatsminister Torcy in Geertruidenburg für Ludwig den Vierzehnten Frieden bitten mußte, traf er in Heinsius' Hause niemand als eine alte Magd an und mußte lang auf den Herrn warten. Mynheer Pensionaris (das war der ganze Titel des Mannes) entschied damals das Schicksal von Europa.

---

[14] So heißt in einigen kleinen Reichsstädten der Stadtschreiber.

Etwas von Regenschirmen

»Ich fürchte den Regen nicht«, sagte Joseph auf der Parade zu Metz, als ein freundlicher Offizier ihm seinen Regenschirm anbot, mit gastfreier Aufopferung seiner Frisur.

Die Franzosen sind durch eine strengere Kriegszucht seit dem letzten Kriege ganz umgebildet. Ihre Hälse sind in rote Binden geschnürt, und man treibt ihren Körper wie einen Leisten in ein altpreußisches Kleid; ja mancher Befehlshaber ist schon so aufgeklärten Sinns, daß er die armen Königsknechte wie freie Deutsche prügelt. Aber Eleganz und Behaglichkeit bleiben in dem Charakter dieses Volks ein Paar unvertilgbare Züge, die man nicht wegprügelt und nicht wegphilosophiert.

Der Mann dort im seidenen Wagen, der sich wollüstig auf Stahlfedern wiegt, ist Führer eines furchtbaren Volks, das auf seinen Wink Tod und Verwüstung verbreitet.

Cäsar ging zu Fuße an der Spitze seines Heeres; sein kahles Haupt war nur mit einem Lorbeerkranze[15] bedeckt. Wenn der kühne Imperator, mit der Flamme im Blick, einem fliehenden Signifer den Adler wegriß und dann rief: »Gefährten, wer den Tod verachtet, folge mir nach, teile Tod aus, eh er ihn empfängt!«, das mußte Römerseelen erschüttern.

Denkt euch nun manchen neueren Feldherrn, halb zur Mumie gebeizt und gewickelt in Vigognewolle, wenn er mit einer sublimierten Stimme zwitschert: »France! France! mes enfants, la journée est à nous!«, muß das nicht die Helden à quatre sols par jour zu gewaltigen Empfindungen stimmen?

Die Franzosen haben's oft mit einer ihnen eigenen Naivität wiederholt, daß wir Neuern oder sie wenigstens tapferer sind als die Alten, weil wir uns ohne Helm und Schild herumschlagen und mit einer Sommerweste ins Kanonenfeuer gehen. Aber die Krankenwärter zur Pestzeit, welche des Brots wegen tausendfachen Tod wagen, sind darum den Primipilen der Römer nicht ähnlich. Wenn ihr eure Armee durch Rippenstöße in lange dünne Reihen geordnet habt,

---

[15] Den er nach einem Dekret des Senats beständig tragen durfte.

sind das Heere, wie Ossian sie schildert? »As roll a thousand waves to the rocks, so Swaran's host came on; as meets a rock a thousand waves, so Innisfail met Swaran.«[16]

Lechzt jeder Krieger mit dürrer Zunge nach Rache? Tobt in jeder Brust lodernde Ungeduld, den Feind zu fassen und seine Seele zu schleudern auf eine vom Blitze des Himmels gerötete Wolke?

Oder ist es eine aufgetriebene Herde, zum Dezimieren verurteilt, die fühllos und oft zitternd erwartet, wer der zehnte, der zwanzigste sein wird, den das blind geworfene Todeslos trifft?

Eure Chocs – wenn die im Rauche schwankenden Massen durch die Gesetze ihrer Organisation unwillkürlich aufeinandertreiben nbsp;–, gleichen sie den Handgemengen im Homer?

> »Unter dem Streich der starken Hände knirschten die
> Rücken,
> Und der nasse Schweiß lief von den Gliedern herunter;
> Viele Striemen mit stockendem Blut entschwallen den
> Seiten
> Und den Schultern.«

Ilias, XXIII. Gesang, 705, Stolbergs Übersetzung

Oder noch besser im Ossian: »Each rushes to the grasp of his foe; their sinewy arms bend round each other; they turn from side to side, and strain and stretch their large spreading limbs below.«[17] Und wie klingt euer Kommandowort gegen den Zuruf des Vultejus: »Comites, decernite letum!«

Unsre Verfeinerung, Polizierung, Filigranisierung, das ganze künstliche System unserer Knechtschaft hat freilich einige Arten des Übels ausgerottet und manchen würdigen Mann, auch manchen Schurken, der Erde länger erhalten. Wir leben sicherer und schlafen

---

[16] Wie tausend Wellen gegen die Felsen rollen, so kam Swarans Heer heran; wie ein Fels tausend Wellen empfängt, so empfing Innisfail Swaran.

[17] Jeder läuft, seinen Feind zu umfassen. Ihre nervigen Arme schlingen sich umeinander; sie kehren sich von Seite zu Seite und strecken und dehnen am Boden ihre großen, mächtigen Glieder.

unsere sieben Stunden ruhiger; aber die Sehne des Geistes ist er-schlafft und klingt nicht mehr auf unserm Bogen von Korkholz.

Wer forscht nach Hochgefühl der Menschheit, Vaterlandsleiden-schaft, Opferdurst für Freiheit und Gesetze, der sehe sich um in den »Tales of former times«.

Ein nordischer König, erzählen die Sagen, rüstete ein Schiff aus und wollte nur tapfere Gefährten. In seiner Halle lag ein Stein; wer den nicht aufheben konnte, wer ein furchtsames Wort aussprach, wer das Gesicht verzog, wenn man mit einer Lanze, die nicht selten traf, darnach warf, der blieb zurück; man verglich sich über Gese-tze: der Degen mußte kurz sein, jeder mußte seinen Feind gefaßt haben, Wunden wurden nur den folgenden Tag verbunden, im Sturm durfte nie das Segel unter die Hälfte des Mastes herabgelas-sen werden. Nach vollendeten großen Taten kamen sie zurück. Ein schreckliches Ungewitter stürmte. Die einzige Rettung war, das Schiff zu erleichtern oder das Segel ganz herunterzulassen. Alle drängten sich, und die ersten am Rande sprangen ins Meer. Das Schiff wurde leichter, und das Segel blieb. Es bedurfte des Loses nicht. Jeder eiferte, für die Gesetze zu sterben.

Diese Erzählung schildert den Geist eines Volkes, das in kleinen Haufen Thronen erschüttert, das man ausrotten, aber nicht unterjo-chen kann.

Freilich sind Sie uns, Monsieur le Marquis, mit Ihren Kaloschen, auf unserm Parkett mehr als diese Seeungeheuer willkommen, und wir wünschen auch die Zeiten der Regner, Lodbroge und der Innis-faile nicht wieder zurück, weil wir den Stein in der Halle doch lie-genlassen müssen. Aber, als Soldaten betrachtet, war das schmutzi-ge Häufchen wohl so brauchbar als Ihre Legion portant des casques dorés, ombragés d'une touffe de crins blancs en forme d'éventail; und wenn Voltaire voller Verwunderung fragt:

> »Comment ces courtisans doux, enjoués, aimables,
> Sont-ils dans les combats des lions indomptables?«

(Poeme de Fontenoy),

so ließe sich das Rätsel wohl noch erklären – weil es eigentlich auf das Comment ankommt.

Über die Nationaltracht

Eine Nationaltracht, welche der Üppigkeit einzeler Verschwender steuert, wird endlich auch die Ausgaben des Staats vermindern und selbst den Geist der Nation vaterländischer stimmen, wenn *eine* Kleidung alle vereinigt und von andern Völkern unterscheidet. Es ist freilich abgeschmackt, sich unter jedem Himmel wie ein Pariser zu kleiden, wenn Klima, Lebensart und Körper eine sehr verschiedene Einhüllung fodern, und es ist rühmlich, den Modezepter voll edlen Unmuts zu zerbrechen, den bald ein Schneider, bald eine Operndirne über ganze Königreiche schwingt. Aber ob in unsrer Zeit, bei unsern Sitten, in unserm Weltteil eine solche Reformation beständig werden kann? Das, dünkt mich, ist noch nicht entschieden.

Wo eine Nationaltracht übrig ist, da erhält sie sich durch Religion, durch eine barbarische Verachtung des Fremden, die mit der Aufklärung schwindet, durch eine immer genährte Eifersucht, sich von den Fremden zu unterscheiden, durch mächtigen Einfluß des Klimas, durch Armut oder Absonderung von der übrigen Welt.

Der Turban und Muhammeds Moden sind seinen Nachfolgern ehrwürdig; auch den Banianen und Parsen ist ihre Kleidung heilig; ein eifersüchtiger Stolz erhielt bis in unser Jahrhundert die spanische Tracht neben den Franzosen, und der Sineser kleidet sich wie seine Väter, weil er seine Väter göttlich verehrt und den Tataren nicht ähnlich werden will. In Afrika gebeut die Sonne, in Lappland Armut und Kälte der Mode, und manche Insel des Südmeers war eine Welt für sich.

Was ist nun in Europa übrig? Gesetz und Beispiel der Fürsten.

Gesetze drücken immer, sobald sie an die Sitten rühren und Opfer in gleichgültigen Dingen fodern, die wir nach unsrer Neigung anzuordnen gewohnt sind. Wem wird es in einem Lande schmecken, wo die Regierung einen allgemeinen Küchenzettel macht? zumal wenn man einen geschickten Koch aus Frankreich mitgebracht hat. Eine beständige Zirkulation unter gesitteten Völkern weckt neue Begierden, die endlich zu neuen Bedürfnissen werden. Nur ein Volk, das nie über seine Grenzen schreitet, wird nicht nach fremden Moden, aber auch nicht nach fremder Weisheit lüstern, und diese ärmliche Genügsamkeit wiegt die Vorteile des Handels, der Reisen und der Wißbegierde nicht auf.

Also Beispiel der Fürsten. Aber nur solang ein Weiser herrscht, den nie ein eitles Weib, nie ein gereister Günstling lenkt. Und wer ist uns Bürge, daß sein Nachfolger nicht auch verstehen will, was ihn vorteilhaft kleidet? daß er an seinem Hof ein glänzend Gefolg nicht angenehmer findet als einen Haufen einförmiger Klostergestalten? So wäre denn Nationaltracht nichts weiter als Uniform einer einzigen Regierung, und zwar endlich doch eine kostbare Uniform, wenn erst der Scharfsinn der Eitelkeit daran gekünstelt haben wird. Denn man wird so lang den Zeug verfeinern, die erlaubte Farbe nuancieren, Zieraten erfinden und nach Seltenheit ringen, bis ein Nationalgalakleid ebenso teuer ist als ein französisches. Alsdann spart der einzele Bürger nichts mehr, und am Ende vielleicht auch der Staat nicht, weil es, aller Zöllnertreue ungeachtet, gewiß gelingen wird, die Volkstracht in zierlicheren Formen, in besseren Stoffen aus der Fremde heimlich einzubringen.

Ich verehre den Mut des Monarchen, der gleichwohl die wohltätige Sittenänderung wagt. Meine Einwürfe sind nicht Tadel, sondern Zweifel, die gewiß seiner Weisheit nicht entgangen sind, und vielleicht wird die Wirkung seines Beispiels ewig dauern, wie der Ruhm seiner Taten.

Über Linguets Verteidigung der Todesstrafen

In dieser aufgeklärten freundlichen Zeit tritt doch zuweilen ein Biedermann auf, der dem andringenden Strom der Menschenliebe steuert; Linguet nimmt sich des Henkers wie ehmals Wolkenkragenius des angefochtenen Teufels an.

Als der Kardinal Richelieu nach Lyon reiste, um sich mit der Hinrichtung des Cinq-Mars und des de Thou zu belustigen, erfuhr er unterwegs, daß der Scharfrichter das Bein zerbrochen hätte; »welch ein Unglück!« rief er aus, »nous n'avons point de Bourreau!« Ein Ausruf, den nur ein Kapellmeister lebhaft empfindet, wenn der primo Soprano in seiner Oper krank wird, den aber Linguet nachempfinden kann, der den Tiberius, den Nero und Chalotais' Verfolger verteidiget hat.

»Was ist«, meint er, »am Leben einiger Schurken gelegen, da der Krieg doch ganze Völkerschaften wegfrißt?« Freilich ist's um nichts besser, auf die Autorität eines Manifests oder nach dem Text der Halsgerichtsordnung zu morden; aber wenn auch keine Heldentugend gezähmt werden kann, so gelingt es uns vielleicht, ein veraltetes Gesetz verdächtig zu machen. Da es nicht in unsrer Macht steht, die Pest zu vertilgen, soll darum auch kein Fieber geheilt werden? Die Erde ist mit Menschenopfern bedeckt, und darum eben verlohnt es sich der Mühe, auch nur einige unsrer Brüder zu retten. Beccaria bestimmt den Fall treffend und deutlich, wann es notwendig wird, ein brandiges Glied vom gesunden Staatskörper zu trennen, nämlich wann der Verbrecher ein Friedensstörer ist, wann sein Anhang Empörung unterhält, wann sein Leben der Tod guter Bürger werden kann. In jedem andern Fall ist die Todesstrafe eine überflüssige Grausamkeit, weil die Erfahrung aller Länder und Zeiten bestätigt, daß Verbrechen nicht durch gelinde Strafen vermehrt und nicht durch strenge gemildert werden. Ist man darum in Marokko seines Eigentums sicherer, weil man die Räuber mit Säbelhieben zerstückt, oder in Algier, wo man sie vom Turm herabschleudert und mit eisernen Haken auffängt? Nirgends gibt es blutdürstigere Übeltäter als in Italien und Frankreich, wo man am meisten rädert und köpft; nirgends wird mehr auf der Landstraße geraubt als in England, wo kein Räuber dem Galgen entrinnt; und nirgends reist man unbeleidigter als in Dänemark und Holstein, wo man keine Diebe mehr hängt. Die Ursache liegt nicht allein im Klima oder im eigentümlichen Charakter der Nationen; denn die russische Kaiserin herrscht von Kamtschatka bis nach Astrachan, fast unter allen bewohnten Himmelsstrichen, und dennoch gelingt es ihr, nach dem Beispiel ihrer Vorgängerin, Ordnung und Sicherheit ohne Todesstrafe bei hundert ungebildeten Völkern zu erhalten. Rußland hat uns früh verfeinerte Europäer in Wissenschaften und Künsten erreicht und an Menschlichkeit übertroffen. Gelinde Strafen und Eigengewalt sind eine seltene Erscheinung in der Geschichte. Als der erste Mensch im gerichtlichen Pomp auf dem Rade zerschmettert ward, bebte gewiß vor Entsetzen und Abscheu die ganze Versammlung der Zuschauer; aber wir gewöhnen uns endlich an den blutigen Aufzug. Jede Exekution wird ein Schauspiel für den Pöbel, bei welchem auch mancher feine Mann eine Erholungsstunde zubringt. Vor wenig Jahren ward in Paris ein diebischer Abbé aufgehangen, und ein wohldenkender, freundlicher Gelehrter lud den Verfasser dieses Aufsatzes mit den Worten dazu ein: »Allons, Monsieur, faire un tour à la place de Grève, pour voir danser Monsieur l'Abbé.« Acht Tage vor d'Amiens' huronischer Zerfleischung war kein gutes Fenster mehr zu mieten, elles étoient toutes prises pour les dames. Das andächtige Schauspiel unsrer Hinrichtungen wirkt oft so sehr dem Endzweck entgegen, daß es zu Übeltaten reizt. Es darf einem Schwärmer nur einfallen, daß ihn der Tod vielleicht unbereitet überfällt, um ruhig eine Kehle abzuschneiden, damit er Zeit gewinne, sich selig zu beten; andere sind eines elenden Lebens müde und drängen sich durch ein Verbrechen zum Tode. Für beide ist nur das Leben eine Strafe. – Ist Verhältnis zwischen Strafe und Verbrechen, wenn ein Elender aufhören soll zu sein, weil er am Überfluß des Reichen ein wenig genagt hat? Fürchtet ein philosophischer Spitzbube den Strang, der die Arbeit hasset und das Vergnügen liebt, der die Ungleichheit des Eigentums tadelt, der erwägt, daß uns allen ein mannigfaltiger Tod droht und daß jede Krankheit ärger als ein flinker Henkersknecht martert? Wird ihn eine schlimme Viertelstunde mehr als ein mühseliges Leben unterm Prügel abschrecken? Ich glaube mit Voltairen, daß ein gehenkter Schelm zu nichts taugt, anstatt daß er an der Kette noch etwas zum Vorteil der Gesellschaft erwirbt.

»Aber eure Sklaven«, fährt Linguet fort, »sind doch zum langsamen Tode verurteilt; sie schmachten nicht lang im dumpfigen Kerker bei ekelhafter Kost, und so ein trauriges Leben ist ein armselig Geschenk.«

Für gesunde Nahrung und reine Gefängnisse muß die Obrigkeit wachen; und Menschen darum zu schlachten, weil sie doch nicht lange mehr leben werden, gehört zur jurisprudence vétérinaire, nach welcher es freilich vernünftiger ist, ein krankes Pferd lieber totzustechen. Heil also der scharfsinnigen Obrigkeit einer guten kleinen Stadt, die vor wenig Jahren einen Dieb, der zu kränklich zum Brandmarken schien, aus Mitleiden aufgehängt hat! Noch abgeschmackter ist die Klage über die Kosten des Unterhalts und der Aufsicht der Sklaven. Aus Ökonomie ist es doch wohl nicht zu töten erlaubt? Sonst mag es in Ländern, wo noch Leibeigenschaft herrscht, zuweilen haushälterisch sein, eine Bauernklopfjagd zu halten.

»Aber wie wollt ihr eure Ducs und Pairs im Zaume halten«, fragt Linguet im triumphierenden Ton, »wenn auf grobe Verbrechen kein Tod mehr steht? Werden sie nicht in eure Häuser fallen, eure Weiber und eure Töchter schänden und jede geringe Beleidigung mit einem Pistolenschuß rächen? Denn nur solange die Übeltat neu ist, erstickt der Abscheu und die Stimme des Volks das Flehen der Familie; der Richter kann nicht retten, so sehr er auch Hofmann sein mag; die Gerechtigkeit wird versöhnt und der Tote vergessen. Aber wenn der Verbrecher seine Strafe: überlebt; wenn er, zur Schande seines Hauses, gefesselt unterm Pöbel der Übeltäter herumgeht, so vereinigen alle Verwandte ihr ungestümes Anhalten wieder, ihre Freunde am Hofe dringen durch, und ein vornehmer Bösewicht kann keine Strafe mehr fürchten.« Ich denke doch, daß es nicht ganz unmöglich sei, über weise Verordnungen unverbrüchlich zu halten; ich vermute nicht, daß überall Hofintrige des Richteramts spottet. Vor wenig Jahren wurden in einem großen Reiche zwei Brüder von Familie wegen einer schändlichen Handlung zur Bergwerksarbeit verdammt, die noch bis diese Stunde nicht losgebeten sind. Nur die Schande des Urteils, wenn es auch nicht vollzogen würde, ist schrecklich genug für Leute von Rang und Erziehung, ja empfindlicher als der Tod selbst, weil man bei ihnen Begriffe oder doch Vorurteile von Ehre voraussetzen darf. Also wollten Sie alle Todesstrafen aufgehoben wissen? auch bei vorsätzlichen Mördern, die der Gesellschaft den Krieg angekündigt haben? – Solche Wollüstlinge wie der sächsische Hirt, der aus Gourmandise Kinder fraß; Wirte, die mit kaltem Blut ihre Gäste ermorden und ihre Schinken in Rauch hängen; Meuchelmörder, Vergifter – wenn ihr die Unmenschen nicht festhalten könnt, so macht Jagd darauf, wie aufs Tier von Gévaudan; aber an einer starken Kette sind doch Mörder ebensowenig gefährlich als die Löwen im Tower. Unser Recht, den Mörder zu töten, soll sich auf das Recht der Wiedervergeltung gründen. Barkhausen hat deutlich das Ungereimte dieser Meinung gezeigt. Wenn ihr den Totschläger wieder totschlagen wollt, so muß auch der Ehebrecher gerichtlich angehalten werden, seine Frau in das Bett des Beleidigten zu führen; eine Art der Genugtuung, die oft schlimmer sein möchte als die Beleidigung selbst. Auch der Kindermord soll nicht mit dem Tode gestraft werden, der so leicht, so allgemein, so voll durchteufelter Bosheit, so ganz gegen alle Empfindungen der Natur ist? – Eine junge Kindermörderin redete ihre Richter folgendergestalt an: »Ich rede nicht für mein Leben, denn ich bin geschändet, und ich umarme den Tod als meinen Freund. Ihr strafet mich nicht; ihr erlöset mich nun von einer Reihe unleidlicher Qualen. Ich war blühend und glücklich, von allen Mädchen beneidet, von allen Jünglingen geliebt. Oh, verachtet mich nicht nach meinem Tode, ihr Ungefallenen! gedenket meiner, wenn ihr könnt, in der Stunde der Leidenschaft, wenn das Herz hoch aufschwillt und die Zunge stammelt, in der einsamen Laube, wenn ihr gegen den feurigen Mann, den ihr liebt, keine Waffen als ohnmächtige Tränen findet; rettet dann eure Unschuld, wenn euch ein Gott hilft! Ich rettete sie nicht, und nun war der Friede des Lebens dahin. Wie sie nun auf mich herabsehen, meines Stolzes, meiner Schande spotten werden! wie ich nun ein langes Leben hindurch für den Fehltritt einer Minute büßen muß! Nun bin ich keiner Freundin, keines Mannes, nicht der Achtung meiner Gespielinnen, nicht einer menschlichen Freude mehr wert! Der ehrwürdige Name Mutter ist ein ewiger Schandtitel für mich. Ha, Richter! alles das tobte in meiner Brust in der Stunde der Geburt. Kennt ihr den Zustand eines gebärenden, geschändeten Weibes? Wenn immer wachsende Marter wütet und hoffnungslose Verzweiflung zugleich, ist dann Licht im Verstande? Handle ich frei auf der Folter der Natur und des Gewissens? Oh, lebtest du nicht, Pfand des Unglücks! rief es tief aus der

Seele. O Schöpfer, nimm es hin, dieses unschuldige Kind! Es entflieht den Mühseligkeiten des Lebens und rettet seine Mutter von der Schande, welche bittrer ist als der Tod, gewiß bittrer als sein Tod – und so erwürgte ich mein Kind. – Ach, ich hätt es gern erzogen und gebildet; aber mich einer endlosen Verachtung zu opfern, dazu war ich nicht verächtlich genug.« – Die Sache ward, nebst der Rede der Verbrecherin, an eine Juristenfakultät gesandt; und hierauf kam der Spruch zurück, daß Inquisitin, ihr zur wohlverdienten Strafe und andern zum Abscheu und Exempel, mit einem Hahn, einer Schlange und einer Katze, in Ermangelung eines Affen, lebendig in einen Sack getan und ertränkt werden solle.

[Rezension der Lavaterschen Physiognomik]

Leipzig. Weidmanns Erben und Reich haben Herrn Lavaters Abhandlung von der Physiognomik, die vielen schon aus dem »Hannöverischen Magazine« dieses Jahres bekannt sein wird, besonders drucken lassen. Herr Leibmedikus Zimmermann hat den Abdruck veranstaltet. Daß Lavater, der philosophische Seher, eine Physiognomik schreibt, erregt schon Aufmerksamkeit, und diese wird gewiß in der Schrift sehr unterhalten. Es gibt eine solche Kunst, so gewiß als die unendliche Verschiedenheit der Seele eine Verschiedenheit im Äußerlichen des Körpers veranlassen muß; so gewiß als der Kopf des Lappen keine Theodizee denken kann; so gewiß als körperliche Stärke und Schwäche, Gesundheit und Krankheit, lautere und unreine Säfte, Bewegung und Ruhe, Klugheit und Stupor, Wut und Leutseligkeit einen verschiedenen Ausdruck haben, ein anderes äußeres Ansehen geben; so gewiß als manches dergleichen zusammengenommen einen Totaleindruck auf uns macht und wovon wir doch wirklich einen Entscheidungsgrund hernehmen, wenn wir von jemand urteilen, ohne daß wir es selbst wissen oder uns entwickeln können. Der Maler, der Charaktere zeichnet, sollte uns schon von der Existenz der Physiognomik überzeugen können. Es ist wahr, er zeichnet die Extrema, und die vielen Zwischenzüge und Nuancen existieren so rein nicht. Aber sie sind doch da, wenngleich nicht so beisammen, und werden doch merkbarer, je mehr man sein Auge dazu übt. Wir führen dies nur an, um unsre Leser begierig auf das Vergnügen zu machen, die kleine Schrift selbst zu lesen. Herr Lavater zeigt den Nutzen seiner Kunst; er gibt Anleitung, wie man sie erlernen und wissenschaftlich studieren soll, und schildert den Charakter des Physiognomisten. Wir merken nur an, wenn Herr Lavater mit Recht behauptet, daß jeder Mensch verschieden und jeder Teil an ihm in einem Verhältnisse zu seinem körperlichen und geistigen Totalcharakter stehe, er doch wirklich zu weit geht, wenn er S. nbsp;29 nbsp;f. glaubt, man könne aus einem Knochen, Zahn oder Muskel allendlich den ganzen Charakter des Menschen herauskalkulieren; wenn er glaubt, ein scharf beobachtender Zergliederer könne aus zusammengeworfnen Knochen verschiedner Gerippe die herauskennen, die zu einem Körper gehören. Ebenso dünkt uns auch, Herr Lavater tue zu schnelle Schritte von der Kunst zur Wissenschaft, vom dunkeln Gefühle zum anschauenden klaren Bewußtsein, er vereinzele und zerschneide zu scharf, was vielmehr seinem Wesen nach ein Totaleindruck von einem Ganzen bleiben mußte. Man frage sich selbst, wenn man seine Analyse von Montesquieus Bilde lieset. Über dem Zergliedern und Beobachten verschwindet die Schönheit und verdorrt die Anmut. Die Anatomie und das Mikroskop können das reizendste Gesicht nicht mehr entstellen. Doch dies hindert nicht, daß die Schrift sonst nicht vortrefflich sei. Es sind, nach Herrn Sulzers Ausspruche, wirklich tiefsinnige Einsichten darin. Herr Lavater selbst ist in der Übung der Kunst groß. Herr Zimmermann hatte dies mit Ruhm in den Anmerkungen zu der hannöverschen Ausgabe gesagt, und das hätte Herr Lavater nicht übelnehmen dürfen.

Erklärung über die Physiognomik, mit Anmerkungen von Johann Kaspar Lavater

Ich bin von der Wahrheit der Physiognomik, von der Allbedeutsamkeit jedes Zuges unsrer Gestalt so lebhaft als Lavater überzeugt. Es ist wahr, daß sich der Umriß der Seele in den Wölbungen ihres Schleiers bildet und ihre Bewegung in den Falten ihres Kleids. Even in the outward shape dawns the high expression of the mind. Überall ist Kette, Harmonie, Wirkung und Ursache in der Natur, auch zwischen dem äußern und innern Menschen; wir arten nach unsern Eltern, nach der Erde, die uns trägt, nach der Sonne, die uns wärmt, nach der Nahrung, die sich mit unsrer Substanz assimiliert, nach den Schicksalen unsers Lebens; alles das modifiziert, repariert und ziseliert am Geist und am Körper, und die Spur des Meißels wird sichtbar; jeder Schwung, jede Bucht des äußern Konturs schmiegt sich an die Individualität des innern Menschen wie ein feuchtes Gewand im Bade. Mit einer nur wenig veränderten Nase wäre Cäsar nicht der Cäsar geworden, den wir kennen.

Ist nun vollends die Seele in Bewegung, so leuchtet sie durch wie der Mond durch Ossians Geister. Jede Leidenschaft hat im ganzen Menschengeschlecht immer einerlei Sprache.[18]   Philoktet ächzet

---

[18] Von Aufgang bis zum Niedergang sieht der Neid nicht so vergnügt aus wie die Großmut und die Unzufriedenheit nicht wie die Geduld. Die Geduld ist allenthalben, wo sie dieselbe ist, durch dieselben Zeichen merkbar. So der Zorn, so der Neid, so jede Leidenschaft.

anders als ein gepeitschter Knecht, Raffaels Engel lächeln edler als die Marschengel Rembrandts; aber immer haben Freude und Schmerz ein einziges, eigentümliches Spiel; sie arbeiten nach einerlei Gesetz, auf einerlei Muskeln und Nerven, so zahllos die Nuancen ihres Ausdrucks auch sind; und je öfter die Leidenschaft wiederholt wird, je mehr sie zum Hang, zur Lieblingsneigung artet, je tiefer wird ihre Furche gepflügt.

Aber verborgener liegen Anlage, Geschick, Grad und Weise der Empfänglichkeit, Talent, Beruf und Geschäftsfähigkeiten.[19] Den Zornigen, den Wollüstigen, den Stolzen, den Unzufriedenen, den Boshaften, den Wohltätigen, den Mitleidigen zu entdecken wird einem guten Beobachter nicht schwer;[20] aber den Philosophen, den Dichter, den Künstler und ihr mannigfaltiges Seelenvermögen wird er nicht mit gleicher Zuversicht schätzen; noch seltner wird er es anzugeben wagen, wo die Anzeige jeder Eigenschaft sitzt, ob im Augknochen Verstand, Witz im Kinn und Dichtergenie im Munde deutlich wird.[21]

Allerdings ahndet uns so etwas, wenn uns ein merkwürdiger Mann begegnet, und wir sind alle weniger oder mehr empirische Physiognomiker; wir finden im Blick, in der Miene, im Lächeln, im Mechanismus der Stirne bald Schalkheit, bald Witz, bald forschenden Geist; wir erwarten und weissagen nach einer dunkeln Vorempfindung sehr bestimmte Fähigkeiten aus der Gestalt jedes neuen Bekannten, und wenn dieser Takt durch Übung und Umgang mit vielerlei Menschen berichtigt wird, so gelingt es uns oft bis zur Bewundrung, den fremden Ankömmling zu deuten. Ist das Gefühl? innerer, anerschaffner Sinn, der nicht erklärt werden kann? Oder ist es Vergleichung, Induktion, Schluß von erforschten Charakteren auf unbekannte, durch irgendeine äußere Ähnlichkeit veranlaßt? Ge-

---

[19] Sehr wahr – aber dann auch, wenn man einmal den Ausdruck davon gefunden hat, wieviel unverkennbarer in jedem uns wieder begegnenden Objekte.

[20] Sehr wahr.

[21] Und dennoch hoff ich, glaub ich, weiß ich – das folgende Jahrzehent wird dies möglich machen, und der scharfsinnige Verfasser dieses Aufsatzes, ich wollte wetten dürfen, würd es nicht nur möglich finden, selber können würd er's, wenn er nur einen einzigen Tag dazu aussetzen wollte, eine wohlgereihete Sammlung von merkwürdigen Charaktern in der Natur oder wahren Bildern durchzugehen und zu vergleichen.

fühl ist die Ägide der Schwärmer und Toren, und ob es gleich oft mit der Wahrheit übereinstimmt, ist es doch weder Anzeige noch Bestätigung der Wahrheit; aber Induktion ist Urteil, auf Erfahrung gegründet, und ich mag auf keinem andern Weg die Physiognomik studieren. Ich eile manchem Fremden freundlich entgegen, einem andern weiche ich mit kalter Höflichkeit aus, auch wenn kein Ausdruck der Leidenschaft mich anzieht oder abschreckt; wenn ich genauer zusehe, so finde ich immer, daß mich irgendein Zug an einen würdigen oder verdienstlosen Bekannten erinnert, und das Kind handelt, dünkt mich, nach einerlei Gesetz, wenn es Fremde flieht oder liebkoset, nur daß es, mit weniger Zeichen zufrieden, sich bei der Farbe des Kleids, dem Ton der Stimme, ja oft einer unmerklichen Bewegung beruhigt, die es an Eltern, Amme oder Bekannte erinnert.[22]

Also ist es nicht bloß Gefühl, sondern ich habe Gründe, dem Mann, der Turenne ähnlich sieht, Sagazität, kalten Entschluß, warme Ausführung zuzutrauen. Wenn ich drei Männer antreffe, deren einer Turennens Augen mit seiner Klugheit, der andre seine Nase und seinen hohen Mut, der dritte seinen Mund und seine Tätigkeit besitzt, so ist auch der Ort deutlich geworden, wo sich jede Eigenschaft äußert, und ich bin, sooft ich den Zug wieder wahrnehme, zu einem ähnlichen Urteil berechtigt. Hätten wir dann nur jahrtausendelang Menschengestalten untersucht, charakteristische Züge ge-

---

[22] Es ist nicht zu leugnen, daß dies nicht sehr oft der Fall ist, und viel mehr, als man gemeiniglich denkt. Indessen getrau ich mir doch zu behaupten und zu beweisen, daß es in der Natur und Kunst eine Menge Züge, besonders von äußersten Enden, leidenschaftlicher sowohl als leidenschaftloser Zustände gibt, die an sich selbst und ohne alle Vergleichung mit gemachten Erfahrungen auch dem ungeübtesten Beobachter zuverlässig verständlich sind. – Ich glaube, es ist schlechterdings in der Natur des Menschen, in der Organisation unsrer Augen und Ohren gegründet, daß uns gewisse Physiognomien so wie gewisse Töne anziehen, andre zurückstoßen. Man lasse ein Kind, das nur wenige Menschen zu sehen Gelegenheit gehabt, den offenen Rachen eines Löwen oder Tigers – und das Lächeln eines gutmütigen Menschen sehen – unfehlbar wird seine Natur von dem einen wegbeben und dem andern lächelnd begegnen. Nicht aus räsonierender Vergleichung, sondern aus ursprünglichem Naturgefühl. – So wie's aus ebendieser Ursache eine liebliche Melodie mit Vergnügen behorcht und vor einem gewaltsamen Knall schauernd ineinanderfährt. So wenig da Überlegung oder Vergleichung statt hat, so wenig in denen Fällen, wo äußerst sanfte oder äußerst wilde Physiognomien sich ihm darstellen.

ordnet, nach ihren Nuancen gepaart, merkwürdige Buchten, Linien und Verhältnisse durch Zeichnungen deutlich gemacht, jedem Bruchstück seine Erklärung beigefügt, so wäre das Mandarinen-Alphabet des Menschengeschlechts fertig, und wir dürften nur nachschlagen, um jedes Gesicht aus unserm Vorrat zu erklären. Ich bewundere den Mann, der sich an dieses Elementarwerk der Schöpfung wagt, und wenn ich mich dem Gedanken ganz überlasse, daß die Ausführung nicht schlechterdings unmöglich sei, so erwarte ich noch mehr als Lavater; ich denke mir dann eine so reiche, so bestimmte, so ausgebildete Sprache, daß nach einer wörtlichen Beschreibung eine Gestalt wiederhergestellt werden kann, daß eine richtige Schilderung der Seele auf den Umriß des Körpers hinweist, daß ein Physiognomiker aus einem künftigen Plutarch große Männer zu palingenesieren vermag, daß es ihm leicht wird, ein Ideal für jede Bestimmung des Menschen zu entwerfen.[23] Mit solchen Idealen behängen wir alsdann die Gemächer unserer Fürsten, und wer ein unschickliches Amt fordert, muß sich ohne Murren beruhigen, wenn ihn sichtbar seine Nase davon ausschließt.[24]

Nach und nach bilde ich mir eine ganz andere Welt, aus welcher Irrtum und Betrug auf immer verbannt sind.[25]

Ob wir darum glücklicher wären, läßt sich streiten.[26]

Wahrheit ist hier, wie immer, in der Mitte. Wir wollen nicht zu wenig von der Physiognomik erwarten, aber auch nicht zu viel;

---

[23] Vortrefflich – und, der Verfasser mag scherzen oder ernsten, was ich alles ohne Träumerei ganz zuverlässig schon von dem folgenden Jahrhunderte mit erwarte, wovon denn, so Gott will, in den physiognomischen Linien bereits einige vorläufige Versuche gewagt werden sollen.

[24] Lacht und lächelt – Wahrheitsfreunde und -feinde – so wird's, so muß es kommen!

[25] Verbannt wären, wenn Physiognomik allgeglaubte Religion wäre; alle Menschen geübte Beobachter; das Bedürfnis der Verstellung nicht neue Kunstgriffe erfände, wodurch wenigstens eine Zeitlang die Physiognomik wieder irregemacht werden könnte.

[26] Glücklicher gewiß! Obgleich diese Übung des Streits der Aufrichtigkeit und Tugend mit Laster und Verstellung – die weit eingreifendste Entwickelung aller menschlichen Kräfte bewirkt – und die menschliche Tugend gleichsam, wenn ich so sagen darf, vergöttlicht und zur Höhe des Himmels treibt.

denn noch strömen Einwendungen auf mich zu, die ich nicht alle beantworten kann.

Gibt's auch soviel ähnliche Menschen? Oder ist diese scheinbare Ähnlichkeit nicht öfter ein Totaleindruck, der bei einer genauen Untersuchung verschwindet? zumal, wenn ein einzeler Zug herausgehoben und mit einem andern einzelen Zuge verglichen werden soll.

Fällt es niemals vor, daß ein Zug dem andern geradezu widerspricht? daß eine furchtsame Nase zwischen Augen sitzt, die Mut verkündigen?[27]

Ist es ganz ausgemacht, daß eine ähnliche Gestalt auch immer eine ähnliche Seele anzeige? In Familien, wo die meiste Ähnlichkeit herrscht, gibt es oft die mannigfaltigsten Menschen. Ich habe zum Verwechseln ähnliche Zwillingsbrüder gekannt, die dem Geiste nach nicht einen Zug miteinander teilten.[28] Und wie sollten wir endlich alle die Ausnahmen erklären, unter deren Menge die Regel fast erstickt? Ich will nur einige aus eigener Beobachtung anführen.

Samuel Johnson sieht wie ein Lastträger aus; nicht ein Blick im Auge, nicht ein Zug im Munde, der den scharfsinnigen Menschen und Wissenschaftkenner verrät.[29] Humes Gesicht war ein Gemein-

---

[27] In den festern oder scharfer Umrisse fähigen Teilen, gewaltsame Zufälle ausgenommen, hab ich noch nie widersprechende Züge gefunden. Sehr oft zwischen den festen und weichen oder auch zwischen der Grundform der weichen und ihrer erscheinenden Lage. Grundform z. nbsp;B. wäre, die an einem Toten, der durch keine gewaltsame Krankheit verzerrt ist, wahrgenommen wird.

[28] Wenn dies vollkommen wahr ist, so geb ich die Physiognomik auf. Ich schenke dem mein Exemplar aller meiner physiognomischen Fragmente und hundert physiognomische Handrisse, der mich hiervon überzeugt. Nicht einmal ich will Richter sein. Ich überlasse es dem würdigen Verfasser dieser Bemerkung, drei Männer zu wählen, das Factum genauer zu untersuchen, und wenn sie dasselbe bestätigen, so hab ich verloren. – Fürs erste nur genaue Silhouetten von diesen Zwillingsbrüdern! Soweit meine Erfahrungen reichen, ich bezeug es auf alle meine Ehrlichkeit. – Ich habe keine Spur einer solchen Bemerkung.

[29] Wenn ein Mann von der Scharfsinnigkeit des Herrn Etatsrats Sturz das sagt – so soll ich billig die Hand auf den Mund legen und sagen: Sturz hat's gesehen; ich habe nicht gesehen! – Aber warum ist mir bei allen meinen nunmehr wenigstens vierjährigen Beobachtungen nicht ein einziges solches Beispiel aufgestoßen? Viele Menschen hab ich, besonders anfangs, für sehr gescheut gehalten, die's

platz;[30] Churchill glich einem Ochsentreiber, Goldsmith einem Pinsel; Stranges kaltes Aug verrät den Künstler nicht;[31] Wille, ein wandelndes Feuer, kündigt den Mann nicht an, der sein Leben mit lauter Parallelstrichen zubringt;[32] Boucher, der Maler der Grazien, sah wie ein abgehärteter Kriminalrichter aus.[33] Ich sah einen Verurteilten zum Rade, der, mit der Bosheit eines Teufels, seinen Wohltäter umgebracht hatte, und sein Gesicht war hold und offen wie eines von Guidos Engeln. Es ist nicht unmöglich, auf den Galeeren Regulusköpfe, Vestalengesichter im Zuchthause zu finden.[34] Führt

---

nicht waren. Aber meines Erinnerns und Wissens keinen einzigen für dumm, der gescheut war. Zum guten Glücke hab ich eine Zeichnung von Johnson, von der man mir versichert, daß es nicht die sei, in welcher Johnson zu seinem größten Vorteil erscheint. Nun dies Gesichtchen, läßt sich ein feineres, kalt-feineres – durch Verstand empfindenderes Gesicht gedenken? Planmachendre Unvertraulichkeit? Nur in den Augenbraunen und ihrer horizontalen Lage, wieviel Ausdruck von tiefem, feinem, penetrierendem Verstande!

[30] So ist die allgemeine Sage. – Ich kann nichts dagegen einwenden, als: ich vermute, die Miene, die größtenteils Gegenstand physiognomischer Beobachtung und Beurteilung ist, habe die Grundphysiognomie, den Umriß und die Wölbung der Stirne zum Beispiel, auf die unter hundert Menschen kaum einer sein Augenmerk richtet, gleichsam verdrängt und solche Beurteilung veranlaßt.

[31] Die kältesten Augen sind oft die größten Künstler. Künstler sein und Genie sein – ist zweierlei. Kälte ist das Apanage der Künstler, die nur Künstler sind.

[32] Man kann viel Feuer haben – und doch kalt sein. Die feurigsten Menschen sind die kältesten. Kaum eine Beobachtung hat sich mir so sehr bewahrheitet wie diese. Sie scheint sich zu widersprechen und widerspricht sich nicht. Heftige, schnellauffahrende mutigentschlossene, fertigarbeitende kühnhinschreibende Menschen sind selten warm – sind, die Zeiten der Heftigkeit ausgenommen, die kältesten Seelen. Willens Stil und Gesicht – wenn das Profilporträt von ihm ähnlich ist – haben vollkommen diesen Charakter.

[33] Wahrlich, so, eigentlich so kam mir sein Porträt vor. – Aber dann, mein wertester Herr Sturz, müßten wir uns noch über den Maler der Grazien einverstehn. ... Den find ich in seinen Arbeiten so wenig als in seinem Gesichte. – Seltsam! Alle Stücke von Boucher waren einstimmig mit meinem Gefühle. Ich konnte kaum eins con amore ansehen – und geradeso ging's mir nachher mit seinem Gesichte. Nun kann ich's begreifen, sagt ich beim ersten Anblick seines Bildes zu mir selber, warum dir nichts von Boucher behagen will.

[34] Das kann ich zum Teil aus eigener Erfahrung mit bestätigen. Fern also, daß ich's bestreiten wolle! Aber diese Lasterhaften – so abscheulich auch ihre Taten der äußern Form und Wirkung nach, ja auch, wenn ihr wollt, in Absicht auf den innern Grund gewesen sein mögen – waren dennoch keine grundböse Menschen. Welcher reine, edle, feingebaute, leicht reizbare Mensch – mit der zartes-

mir diese Menschen vor, wird Lavater antworten, ich will sie wie den Sokrates kommentieren; denn ein kleiner, oft nicht gleich bemerkter Zug erklärt vielleicht, was euch so rätselhaft schien. Aber wird dadurch nicht manches in die Glosse kommen, was niemals im Texte gewesen ist?[35]

Wir sollen von einem erforschten Charakter auf den Charakter eines Unbekannten schließen; ist es aber so leicht, den Menschen zu erforschen? Wenn er wandelt in Nacht und sich Widerspruch an Widerspruch lagert? Wenn er periodisch das Gegenteil ist von dem, was er war? Denn wie selten findet sich der Mann, qui qualis ab initio processerit et sibi constet.[36] Kennten wir den August allein aus seinem Betragen gegen den Cinna, den Cicero nur aus seinem Konsulat: welche Männer! Elisabeth, welche Kolossalfigur unter den Königinnen, und wie klein und verächtlich wird die veraltete Kokette! Jakob der Zweite, ein tapfrer General und ein feiger König; der Königsrächer Monk, ein Sklave seines Weibes; Algernon Sidney und Russel, Patrioten wie Römer und von Frankreich erkauft; Baco, der Vater der Weisheit, ein bestechbarer Richter: bei Entdeckungen dieser Art schauert man vor dem Menschen zurück, man schleudert Freunde und Bekannte wie glühende Kohlen aus der Hand! Wenn diese Chamäleonsseelen eins ums andre verächtlich und groß sind und doch ihre Gestalt nicht ändern; was sagt denn ihre Gestalt?[37]

---

ten Engelsseele – hat nicht seine Teufelsaugenblicke – wo nichts als die Gelegenheit fehlt, in einer Stunde ihn zwei, drei ungeheure Laster begehen zu lassen, die ihn vor aller Welt als den abscheulichsten Menschen darstellen oder vielmehr darzustellen scheinen – und er kann noch tausendmal besser und edler sein als hundert für gut gehaltene Menschen, die vielleicht nicht fähig sind, eins der Laster zu begehen, um derenwillen wir ihn so verurteilen – und als Glieder der Sozietät verurteilen müssen.

[35] Das könnte geschehen und sollte nicht! Ich will auch zugeben, daß ein gutes Gesicht zuweilen auch als ein Schurke handeln kann – aber dies gute Gesicht – einerseits wird in dem Momente, wo es handelt, nicht mehr so gut scheinen – und anderseits, hundertmal gegen eins – gut handeln.

[36] Oh, wie wahr! wie wichtig! wie warnend und schreckend für den Physiognomisten!

[37] Ihre Gestalt zeigt, was sie sein könnten und sollten – und ihre Miene im Augenblicke des Handelns, was sie sind! – Ihr Gesicht zeigt ihre Kraft und ihre Miene die Anwendung ihrer Kraft. Die Ausdrücke ihrer Kleinheit verhalten sich

Artet nicht auch unser Urteil über Menschen allzusehr nach dem Medium, wodurch wir zu sehn gewohnt sind:[38] Smelfungus sieht alles durch ein angelaufenes Glas, andre durch ein Prisma, viele, Tugenden im konischen Spiegel und Laster im Sonnenmikroskop.[39] Swift hätte gewiß eine ganz andere Physiognomik geschrieben als der menschenfreundliche Lavater. Aber er oder niemand soll sie schreiben, und fern sei es von mir, den warmen, gefühlvollen Mann jemals wieder in seinem Laufe zu stören. Sein Werk bleibt immer ein Denkmal der Schöpferkraft des Genies; Kolumbus konnte nicht gleich wie Büsching die neue Erde beschreiben; was Lavater schon itzt entdeckt hat, ist immer interessant genug, und wir wollen ihn darüber nicht schikanieren, was vielleicht einer spätern Zeit vorbehalten bleibt. Ich freue mich auf die Fortsetzung seines Werks, denn es ist noch ein reicher Vorrat übrig. Nationalphysiognomien, die Familie des vielartigen Adamsgeschlechts, vom Eskimo an bis zum Griechen. In Europa, nur in Deutschland, welche Verschiedenheit, die keinem Beobachter entwischt? Köpfe mit dem Gepräge der Regierungsform, welche immer unsre Erziehung vollendet; ruhiger Trotz auf Gesetze im Republikaner; Trotz des Sklaven, der es stolz fühlt, daß er empfangene Prügel wieder austeilen darf; Griechen unterm Perikles und unter Hassan Pascha; Römer im Freistaat, unter Kaisern, unterm Papst; Engländer unter Heinrich dem Achten und Cromwelln. Die sogenannten Patrioten Hampden, Pym und Vane haben mich immer durch ihre Bildung frappiert. Hancock und Lord North. Alle Hauptvariatäten der Schönheit nach dem Geschmack verschiedener Nationen.[40]

---

bisweilen wie die Flecken der Sonne zur Sonne – man sieht sie nicht mit unbewaffnetem Auge.

[38] O ja! Ja! Ja!

[39] Wie vortrefflich ausgedrückt!

[40] Ich kann nicht aussprechen, wie ich dem Verfasser dieses geist- und kraftvollen Aufsatzes Dank schuldig bin. Wie gütig, daß er, den ich, wiewohl ohne Wissen, beleidigte und ein Urteil von ihm nicht edel genug rügte, mir diesen Aufsatz zum beliebigen Gebrauch übersenden ließ. So, in dem Tone, mit dem Geiste wünscht ich mir Belehrungen, Einwürfe, Zurechtweisungen!

[An Lavater]

Ich habe lange geschwiegen, würdiger Mann, weil mich Geschäfte und Kopfschmerzen drückten und weil für Schönheit und Kunst und Lavatern nur heitere Stunden gehören.

Erst einig sein unter uns beiden – denn unser Sinn ist zwar nicht zu gleichem Gefühl, aber doch zu gleicher Liebe für die Wahrheit, zu gleicher Anhänglichkeit an das Gute und das Vortreffliche in der ganzen Schöpfung gestimmt; lassen Sie uns die herrlich geschmückte Erde durchwandern, die Felsen erklimmen und die Flächen und Hügel bewundern, die Gottes Hand bekleidet hat, und am Abend wollen wir die Beute unsers Tageswerks miteinander teilen.

Ihre Anmerkungen unterrichten mich oft und reizen mich durch den Ton der nachgebenden Liebe, mit der alles gegen Ihre Widersprecher gesagt wird, und Ihre bündigen Nachrichten, die zwischen Sense und Nonsense wie zwischen Tür und Angel stehen, haben mich belehrt, und ich bin Ihnen freimütige Beistimmung und nähere Erläuterung schuldig. Boucher ist allerdings nur der französische Ombre von Grazie, ohne Gefühl für das erhabene, ruhige Schöne, ohne Sinn für die großen Formen der Natur, seine stumpfnasigen, vollgebrusteten, aber engeingeschnittenen oder schnörkelartig umrissenen nackten Mädchen, die Schlangenlinien usw., alles zeigt eine Manier und hat den Manufakturstil von schnörkelicher, künstlicher Naivität. Der herrschende Ton der Akademie ward verbraucht, die Tugend vergessen. Er war ein Schüler von Le Moine, der freilich auch an der Opernschönheit hing, aber doch meist einen Ausdruck Wahrheit im Nackten behielt. Dieser Same ging bei Bouchers guter Erde wollüstig auf. Sein Bild, in einem Alter von fünfundzwanzig Jahren gemalt, erklärt seinen Geschmack, im Auge ist der hellodernde Funkelblick der Sinnlichkeit, und daraus kommt endlich ein solches Kriminalratsgesicht, weil niemand peinlicher aussieht als ein verloschener Sultan. Die Zwillingsbrüder, von denen ich sprach, waren Offiziers in einem preußischen Husarenregimente und wirklich einander so äußerst ähnlich, wie man sein kann. Man versicherte, daß sie ebenso verschieden in ihrem Charakter, ihren Grundsätzen und ihrer Handlungsweise seien, aber ich habe sie selbst nicht genug gekannt, um dem Zeugnis beizutreten, und die Beurteiler waren vielleicht nicht Menschenkenner genug und nehmen anders gefärbte Frucht derselben Art für Frucht verschiedener Gattung. Die Art der Empfänglichkeit und auch die verschiedene Richtung sehen ungleiche Menschen. Das nämliche feine Gefühl, nur anders gerichtet und genährt, erhebt zur Größe und Fleischeslust, treibt mit Macht Gedanken, und im Herzen wird ein Sang an die Götter oder ein Lied an Phaon.

Über Ihren dritten Teil sag ich Ihnen noch nichts, denn von einem Opere absoluto darf man nicht sprechen wie im ersten Einfall. Über die Schwierigkeit, auf die nur betrachtenden Ansichten einen Grund suchen und durch das Gefühl abzulenken, kann bereits meine Bekanntschaft sprechen, also keinen Tadel, keine Widerlegung mehr, sondern nur einzele Beobachtungen, wenn mich Ihr Werk erquicken soll.

Zimmermann war Zeuge meiner Freude, daß Ihre Begriffe reiner Schönheit mit den meinigen so sehr zu stimmen scheinen, aber P. hat meine Fragmente im »Museum« schief genug verstanden und beurteilt, und zwar mit der argivischen Urbanität, mit welcher sein Kraftgefühl unsrer Zeit gehört.

Fragment aus den Papieren eines verstorbenen Hypochondristen

Hypochondrie, polypenartiges Ungeheuer! hier lieg ich ohne Rettung und winsle, von deinen tausend Armen umstrickt.

Freilich war es meine Schuld (und dies vermehrt meine Qual), daß ich mich im Genuß des Lebens übereilte und seine Freuden und mich in einer gedankenlosen Jugend erschöpfte. Ich war noch nicht dreißig Jahre alt, als ich schon zu leiden anfing. Immer schlug mir, wie einem Übeltäter, das Herz; ich holte mühsam, wie Sisyphus unter seinen Felsen, Odem; auf traurige Tage folgten jammervolle Nächte; die Welt ekelte mir; ich seufzte nach Einsamkeit und konnte mir selbst nicht entfliehn. Ein französischer Arzt versicherte mich, daß ich nichts bedürfe, als viermal im Jahr einen Coup de lancette. »Ihre Humeurs«, sprach er, »kochen und streben; Ihre Gefäße sind überfüllt, Ihre Nerven überspannt, und das freie Spiel Ihrer Lunge ist gefesselt.« Ich folgte viele Jahre seinem Rate, und meine Beschwerden nahmen fürchterlich zu.

»Danken Sie Gott, daß Sie noch leben«, schrieb mir ein Praktikus; »denn Aderlassen ist ein langsamer Mord. Die Natur, die sonst allen Überfluß wegräumt, hat, wie Sie wissen, dem Blut keinen ordentlichen Ausgang geöffnet. Nun arbeitet Ihr ganzes Räderwerk träge, indem es an Säften, an Blut, an Öl zum Reibezeug mangelt. Ihr Magen hat seine Reizbarkeit verloren und bereitet statt Nahrung ein schleichendes Gift. Nehmen Sie von meinen Tropfen, die, ohne Ruhm zu melden, Wunder tun, und trinken Sie alten wohltätigen Wein.« Anfangs fruchtete diese Kurart; aber es waren nur Freuden eines Rausches, nur Opiumsträume. Denn morgens, eh ich meine Tropfen verschluckte, befand ich mich bald elender als jemals, und nachmittags entfloh das Gefühl der Gesundheit mit den Dünsten des Weins.

»Wohl!« – deklamierte mein gelehrter Professor, ein anderer hätte das ohne Tiefsinn vermutet. Denn eine gewaltsame Anstrengung entkräftet immer in dem nämlichen Verhältnis; »man hat Ihre Nerven nur angespornt, nicht gestärkt. Ihre Tropfen sind nichts als eine Art Aquavit, und der Wein ist nicht mehr der gesunde Saft der Traube, sondern eine halb verdorbene, fermentierte, oft durch Arsenik und Bleizucker[41] vergiftete Infusion, ein Getränk, das Krankheiten zeugt, entwickelt und nährt und dessen sich die Vorsicht ebenso zweckmäßig wie der Pest und Bajonetten bedient, um Raum für künftige Geschlechter zu machen. Wasser und nichts anders müssen Sie trinken, und Sie können des Guten nicht zuviel tun.« Ich füllte, wie die Danaiden, ganze Ladungen Wasser in meine Gefäße, dehnte meine Gedärme wie Sprützenschläuche aus, ohne daß darum meine Kräfte sich mehrten; ich wandelte immer kränker und schwächer und endlich wie ein Schatten umher.

Eine meiner Muhmen, eine sittsame Witwe, schickte mir ihren jungen Hausmedikus zu, und dieser trug eine ganz neue Lebensordnung vor. »Man hat«, lispelte er, »Ihre Konstitution zu ungestüm behandelt. Wir müssen leisere Schritte tun und den Launen Ihres Magens mit mehr Behutsamkeit schmeicheln. Trinken Sie Milch, die schon ein halbes Blut ist und der Natur die Arbeit der Chilifikation erspart. Meiden Sie das Fleisch; denn nur eine verdorbene Üppigkeit hat diesen blutgierigen Geschmack eingeführt. Wir sind nicht zu Tigern im Walde erschaffen. Das Pflanzenreich bietet uns eine gesündre Nahrung dar, und ganze Völker befinden sich vortrefflich dabei.« – Unter allen Diäten ist mir keine übler bekommen. Um die Zeit fiel mir ein Buch von einem Edinburgher Arzt in die Hände, der alles, was die Natur Genießbares auftischt, für eine gesunde Nahrung der Menschen hält. »Wir können«, lehrt er, »ohne Gefahr bei dem Kuräken und dem Hottentotten schmarotzen. Nur die Menge, nicht die Mannigfaltigkeit schadet. Diese nützt vielmehr oft, indem eine Speise die schädliche Wirkung der andern aufhebt, wie zum Beispiel das Alkali des Fleisches die sauren Pflanzensäfte

---

[41] Ein Beispiel einer solchen Vergiftung, dessen ein neues englisches Werk erwähnt, interessiert die Menschheit. Drei junge Leute von guter Familie hatten ziemlich viel jungen Franzwein getrunken, der mit Arsenik abgeläutert war. Zwei starben wenige Tage darauf. Der dritte, vielleicht weil er stärker war oder weniger trank, entging zwar dem schleunigen Tode, aber sein Körper wurde mit Blutflecken bedeckt; alle seine Ausleerungen, sein Speichel, sein Harri, waren mit Blut gefärbt; er wurde odematös, erholte sich scheinbar, führte einige Jahre ein sieches Leben und starb an der Wassersucht. Siehe »Observations Critical and Historical on the Wines of the Ancients« – by Sir Edward Barry, Brt. 1776. Manche Patrioten haben diese tödlichen Mißbräuche gerügt. Unzer in seinem »Arzt« entdeckt eine Menge schädlicher Weinverfälschungen. Nur unsre Polizei ist noch träge, diesem Meuchelmord zu steuren und die Verbrecher zu strafen.

mildert. Es ist wahrer Unsinn, das Fleisch zu verbieten, das sich am leichtesten mit unsrer Substanz assimiliert, das unser Magen begehrt, für welches unsre Zähne gebildet sind. Wir Briten leben vom Fleisch und sind nervig und blutreich und werden unter jedem Himmelsstrich alt; auch hat die Erfahrung im letzten Krieg in Indien gelehrt, daß ein Heer Banianen vor einem kleinen Haufen Fleischfresser flieht.«

Mir gefiel die Toleranz dieses Mannes; aber ich versuchte sie zu meinem Unglück, vermutlich, weil meine Natur schon lange nicht mehr die angeborne, sondern eine verkünstelte, verdorbene Natur war.

Nebenher wechselte ich ebensooft mit Arzneimitteln ab. Ich gebrauchte Stahl, China, Kräutersäfte, Assa fötida, Seifenpillen usw., je nachdem ich die Schwindsucht, die Wassersucht, die Gelbsucht oder irgendeine von den hundert Suchten befürchtete.[42] Da ich auch meinen Zustand in jedem Brunnenbuch und zahlreiche Beispiele bescheinigter Kuren antraf, so trinke ich schon seit zehn Jahren die mineralischen Wasser, wie sie auf der Landkarte folgen.

Im verwichenen Sommer trat in Pyrmont eine hagre, hohläugige Gestalt zu mir. »Haben Sie«, fragte das Gespenst mit bebender Stimme, »auch das kalte Bad schon gebraucht? Es stärkt gewaltig.« – Hier fiel es in Ohnmacht. Ich leugne die Kräfte des kalten Wassers nicht. Im Wasser zu leben, nennt Maillet[43] »respirer l'air natal«, und es kann sein, daß es zuweilen das ekelhafte Dasein manches Invaliden verlängert. Mir aber geriet die Kur nicht, ich gebe vielmehr der Erkältung dabei meine Gliederschmerzen schuld, welche weder die Dusche noch das Senfbad, noch das Dampfbad, noch irgendein warmes Bad lindern will.

---

[42] Ein neuerer Genius hat den Einfall, für jede Sucht einen Arzt zu bestellen, um jede gründlich zu erforschen. Nach einer flüchtigen Berechnung der namhaften Seuchen, die ein Ingrediens dieser besten, freudigen Welt sind, besoldete der Regent alsdann ungefähr anderthalb hundert Leibärzte; erst würde der Schnupfenarzt, dann der Fieberarzt, zuletzt der Schwindsuchtarzt geholt. Man denke sich den Kompetenzstreit, die Praeventiones fori; der hat sicher im Kartätschenfeuer gewandelt, der da mit seinem Leben entwischt.

[43] Unter dem Namen Telliamed behauptet er mit vielem Witze, daß wir ursprünglich im Wasser lebten. »Nichts ist so abgeschmackt, was nicht irgendein Philosoph behauptet hätte«, sagt Cicero.

O Äskulape, zürnet nicht, wenn mein Glauben an eure Kunst zu wanken beginnt, wenn ein unglücklicher Aktienspieler über die Mäkler in Change-Alley schmält! Oft helft ihr unstreitig, wenn uns ein wütendes Fieber ergreift, wenn die Natur nur bestürmt, nicht zerrüttet ist; ihr dämpft den Aufruhr; ja, ihr rettet zuweilen, wenn die Flamme durch alle Stockwerke lodert – wenn das Gebäude nur noch fest ist. Aber wenn der Grund wegsinkt, wenn die Fäulnis tief in den Hauptständern sitzt, wenn ein chronisches Übel an unsrer Lebenskraft nagt, hilft alsdann Hygiea dem Elenden noch? Gibt es eine Wissenschaft, die unterliegende Natur aufzurichten? oder, wenn ihr Funken noch glimmt, wenn sie noch strebt, ist es weise, sie durch Arzneien zu ermüden? in ihrem Gange zu verwirren? Und wer wählt unter der zahllosen Menge von Mitteln, die oft nur die Mode des Tages in Schutz nimmt? Von der Transfusion an bis zu Pommes[44] Brühen, welche Reihe von Pflanzen, Salzen, Gummi, Metallen und Giften? Teerwasser, Schierling, Harzrauch und Eicheln, Guajak und Pomeranzenblätter, Käfer, Würmer und Belladonna, Vipernsuppen und Eselsmilch, alle haben ihren Ruf überlebt; die Quassia ringt mit der China, und man fängt an, vom Quecksilber übel zu sprechen; Dominicetti fumigiert alle Zufälle weg; jener lockt funkenweise Krankheiten ab oder zieht sie durch Magnete wie Eisenstaub an; K. hilft durch die vim centrifugam, und P. heilt durch den Beischlaf das: Podagra. Wehe dir Kranken, wenn du in die Hände eines Amateurs fällst, der dich wie einen Apparatus betrachtet, um an der Veränderung deiner Farbe, deinem Puls, deinem Schweiß, deinen Zuckungen die unterhaltende[45] Wirkung seiner Versuche zu beobachten! Wenn in einem Haarröhrchen eine Stockung entsteht, so verordnet man dir auflösende Mittel. Diese sollen, im Magen mit fremden Säften vermischt, hundertfältig verändert, in tausend Kanäle verteilt, mit einem Tausendteilchen an

---

[44] Pomme, ein Arzt in Paris, der vor acht Jahren alle Krankheiten mit Hühnerbrühen heilte.

[45] Unterhaltend heißt, nach der Sprache eines neuern Arztes, eine Komplikation ungewöhnlicher Martern. Wenn ein Elender, mit aufgetriebenem Bauch, verdrehten Augen und hängender Zunge, in schrecklichen Zuckungen heult, das ist ein unterhaltender, interessanter Kasus. Als d'Amiens zerfleischt ward, drängte sich ein wohlgekleideter Herr mit einem Fernglas ans Gerüste, um die Operation näher zu betrachten. Der Henker half ihm ehrerbietig mit den Worten durchs Gedräng: »Place, place, Monsieur est un amateur.«

dem kranken Ort noch mächtig genug sein, um die Verstopfung aufzulösen? Und wer ist dir Bürge, daß ein allzustarkes Resolvenz auf dem Wege zum Übel nicht ein größeres Unheil anrichtet? Könnt ihr irgendeinen wirkenden Balsam zu einer innern Wunde bringen? Nerven beruhigen, die lang zum Krampf gewöhnt sind? ihre Federkraft herstellen? oder muß sich der Elende mit dem Araber trösten, der, in seinem Harem isoliert, umsonst von Niebuhrs Reisegefährten nur noch einmal die Freuden einer Nacht kaufen wollte?

Von Berger und Zimmermann, Wohltäter der Menschen, wenn euch einst Muße am Abend eurer Tage erwartet, so schreibt ein Buch, das noch nicht geschrieben ist, von gewisser Erfahrung. Ihr beobachtet mit hippokratischem Geist, ihr denkt großmütig und edel, ihr verachtet die Systemsucht und forschet nach Wahrheit, denn euer Herz ist empfindlich nbsp;–; gesteht der Welt die Lücken eurer Wissenschaft und krönt dadurch euer segenreiches Leben; beschreibt heilbare Krankheiten durch untrügliche Zeichen; nennt zuverlässige Mittel, und in zweifelhaften Fällen ruft den Trostbegierigen zu, sich in die Arme der liebreichen Natur zu werfen, die öfter hilft als die Kunst und gewiß seltner verdirbt! Euer Buch wird nicht groß sein – ein berühmter englischer Arzt versprach, die ganze gegründete Arzneikunst auf einem Bogen zu hinterlassen. – Es sei euer Kodex, künftige Ärzte; und wenn es nicht geschrieben wird, so rat ich euch, was Sydenham Blackmoren riet: lest nie ein ander Buch als den »Don Quixote«.

Über ein paar alte Münzen

Man findet Münzen von den Königen Mostis, Sarias Abdissar und der Königin Philistis. Das Gepräg einiger verrät eine nicht gemeine Veredlung der Kunst. Künste folgen nur auf die Erfindung der Notwendigkeiten, und der Gebrauch des Geldes setzt Verfeinerung der Begriffe, eine gesellschaftliche Verfassung, gemilderte Sitten und Gesetze voraus. Also herrschten diese Könige nicht über Barbaren. Aber ihr Leben, selbst der Name ihrer Länder ist aus der Geschichte vertilgt; kein Chronolog weiß sie in irgendein Verzeichnis einzupassen.

An ihrem Hofe blähten sich unstreitig sehr wichtige Männer; Minister wachten und Helden kämpften, alle für die Unsterblichkeit; manches Genie rührte mit seinem Nacken an die Sterne und sah auf sein Zeitalter verächtlich herab. – Alle diese Unsterblichen mit ihrem Gewühl und Schriften und Taten sind verschlungen im Abgrund des Nichtseins! Und ihr – emporgejauchzte Ephemeren eines Tages, ihr Belustiger müßiger Knaben, ihr Gaukler um Blumen und Mädchen und Fluren, ihr Tongeber eines kleinen Zirkels eines kleinen Teils einer kleinen Provinz – euch wandeln schon Schauer der Ewigkeit an? Ihr ahndet Wonnedank künftiger Geschlechter? für Witz, der wie ein Regenbogen nur schimmert, solang die Tropfen noch schweben? Mancher unter euch reckte schon vom Thron herab gefällig die Hand nach dem Kranze und beugte sich vorwärts, wollte haschen das Dunstbild und – fiel, und fällt jahrtausendelang, und man nennt seinen Namen nicht mehr; recht wie der Ritter von St. nbsp;Georg in Schottland durch offne Briefe den Tag seiner Krönung feierlich ansetzte und – eh der Tag ankam, schon auf allen vieren durchs Wacholdergebüsch an seinen Kahn kroch.

Fähnleinweise zogen sie hinab nach den Wohnungen des Orkus, Schäfer und Barden und Empfindler und Krittler; bald folgen ihnen Ebenteurer und Ritter und die borstigen, ungekämmten Kalibanen und die kraftgefühlvollen Patagonen – ohne Waden. Wer ist unter euch, »cuius aetas quartum trepidavit claudere lustrum?« Und doch ist Montesquieu euch nur ein Witzling, Voltaire ein elender Radoteur, Diderot ein Schwärmer, Pope ein Franzos, Addison ein moralischer Schwätzer und die größten Geschäftsmänner aller Zeiten ein kaltblütiger Haufen, der nur zum Handeln, zur Tätigkeit taugt – also nichts taugt.

Unserm Volk, unserm Jahrzehent allein erschienen die Vertrauten der Götter – zermalmten die eiserne Fessel der Regel und stürzten die verehrten Idolen von ihren hohen Altären, gewannen lieb die Matrone Natur, zeugten mit ihr Kinder, heißen Werke des Genies, und die Matrone buhlt nur in ihrem Kränzchen herum wie ein otaheitisches Kebsweib.

Lieber Jünger, wenn dich eine Laune des Volks auf irgendeinem Jahrmarkt für den Wundermann ausruft, erhebe dich dessen nur wenig! Mag sein, daß du heute deine Tinktur für gediegenes Gold austropfest, wird aber nicht immerhin dauern; denn das Volk kömmt und geht wie Ebbe und Flut und verläßt zuweilen den kaiserlich-privilegierten Operator und läuft nach der weisen Frau bei Hannover.[46]

Alsdann stehst du einsam und frierst, in deiner allen Winden offnen Bude, mitten unter deinen Murmeltieren und Affen, Robert, es vermahnt uns beide der heutige Text« usw. oder predigst wie Swift in der leeren Kirche zum Küster: »Meister Wenn du rührst und gefällst in deinem Kirchspiel, wage dich nicht gleich auf die größere Bühne, das Lächeln, die Tränen deiner Nachbarin sind noch nicht Huldigung deiner Nation; und du träumst schon zu wirken auf fremde Völker, auf die Folgezeit.

Dein Vaterland teilt oft verschwenderisch genug sein Eichenlaub aus, nimmt's aber zurück, wenn es näher beäugt und entkleidet hat die vornehm aufgestutzte Trivialität.

---

[46] Diese Frau, Mama genannt, hat, allen Wunderverleumdern zum Trotze, ohne Teufel unglaubliche Kuren vollbracht, und das im Jahr Eintausendsiebenhundertundsiebenundsiebzig; ich schreibe mit Buchstaben, damit kein künftiger Kommentator die Zahl Tausend als einen Druckfehler wegstreicht. Es war um die Zeit, als in Spanien die Inquisition sich wieder erhob, als in Portugal die Nuntiatur ihre Bude wieder aufschloß, als in Neapel der Zelter wieder überreicht ward, als man in Frankreich ein Parlamentsdekret gegen die Jesuiten unterdrückte, als in England der Doktor Meyersbach mit Arzneien, aus Bleizucker zwanzigtausend Pfund Sterling gewann, als man in Deutschland Jakob Böhmen für ein Genie erklärte und keine neue Wahrheit mehr bewies, sondern fühlte – alle dem gingen nahe vorher Schröpfer und Gaßner und Mesmer. Es dämmert eine sanfte Abendröte im aufgeklärten Europa.

Eine menschenfreundliche, biedre Tat, welche deinem Bruder frommt und gedeiht, ist verdienstlicher als deine Herkulesarbeit zum Besten der Welt. Sei Mann deines Weibes, Vater deiner Kinder, Bürger deines Städtchens, und lehre nicht gleich die Fürsten regieren. Das allgemeine Wohl hängt wahrlich nicht am Faden in der Hand irgendeines Genies, sondern tausend Räder wälzen sich unaufhaltsam fort, und das Universum wandelt unter dem Finger Gottes. Geister, die zerrütteten, umschafften, bildeten, sind zum Glück der Erde nur selten. Ja, wenn du die Geschichte nicht bloß an ihren Zipfeln anfassest, wenn du nicht mit Einfällen über ganze Perioden hinfährst, sondern kalt und geduldig wägest und prüfst, so findest du, daß die Halbgötter alle durch Glück und Zufälle mächtiger wirkten als durch eigentümliche Kraft; denn glaube mir: Brobdingnace an Weisheit und Tugend, ungeheure Dimensionen gibt es unter den Sterblichen nicht. Nachruhm ist ein blind geworfenes Los, das aus der Schale des Schicksals nicht immer auf den Würdigsten fällt. Alfred und Titus sind weniger bekannt als Pontius Pilatus. Und was ist vollends Schriftstellernachruhm? in unsrer allzulebendigen Sprache, die, ewig veränderlich, Bedeutungen und Wörter auswirft und aufnimmt? Hätte die Religion nicht die Sprache der Alten erhalten, wo wären Homer und Virgil?

>Omnes una manet nox
Et calcanda semel via leti.«

Denkt an die vortrefflichen Männer am Hofe der Königin Philistis!

Über den amerikanischen Krieg

Das Schicksal von Amerika scheint sich gegen alle Erwartung der Zeitungsphilosophen einer schnellen Entscheidung zu nähern. Ein panischer Schrecken ergreift die Patrioten, und der Geist ihrer Reden und Schriften[47] waltet nicht über dem Heer am Tage der Schlacht. Freiheitsliebe, die ein glücklicher Widerstand und eine gewagte Verachtung der Regierung genährt hat, die so durchargumentiert, die feurigen Köpfen so demosthenisch vordeklamiert ist, sollte, dünkt uns, bei einem mächtigen Volke den Mut bis zur Heldentugend erhöhn. Noch harrt zwar die Minorität auf Fabius' Taten, aber Howe, der bescheidene Howe nimmt es auf sich, die Frist der Unterwerfung zu bestimmen; er, der unstreitig seine Lage besser als die Kriegs- und Staatsklugen diesseits des Meeres beurteilen kann, gibt dem ganzen abgefallenen Weltteil nur sechzig Tage Zeit zur Reue. Wir Deutschen sind darüber nicht wenig betroffen, denn wir sind mit gebeugtem Nacken noch immer treue Verfechter der Freiheit; wenn der Himmel Cäsars Partei nimmt, so halten wir es immer mit Cato, und der Kongreß hat wichtige Freunde unter unsern Schriftstellern und Dichtern, die es alle nur mühsam begreifen, wie es zugeht, daß ein gedungenes Heer diese Söhne der Freiheit bändigen kann. Wir erinnern uns, daß die Vereinigung der sieben niederländischen Provinzen weit unbedeutender anfing, daß es diesem tapfern Volke gelang, sich einer nähern und größern Oberherrschaft zu entreißen. Soll Amerika, das ein weiter Ozean und ein zahlreiches Heer erbitterter Vaterlandsfreunde schützt, das Opfer weniger Feldzüge werden? – Aber vergleichen wir auch strenge genug Umstände und Zeiten? Ist das Interesse dieses Streites wichtig genug, um einen einmütigen Abscheu unter den Parteien zu unterhalten? Ist es irgend mit der Veranlassung einer glücklichen Revolution aus der Geschichte zu vergleichen? Der niederländische Krieg zum Beispiel war nicht Kampf für Freiheit und Eigentum allein; er war zugleich Kampf für dieses und das künftige Leben; ihrer edelsten Bürger Blut floß durch des Henkers Hand; Priestergrimm hatte die Anhänger der alten Kirche bis zur Kannibalenwut entflammt, und

---

[47] Siehe die »Declaration of Independency« und das amerikanische, vortrefflich geschriebene Pamphlet »Common Sense«, das mit alledem durch Howes Argumente zu eitel Nonsens werden kann.

die verfolgte neuere war durch Martyrerwollust berauscht. Ihre Wahl war nicht, Ruhe durch Taxe zu kaufen, sondern Tod oder Sieg. Ist in Amerika ewiges, ist auch nur zeitliches Glück, ist Leben und Ehre auf dem Spiel? Oder dreht sich nicht der Streit einzig um die Frage, ob Kolonien einen Teil ihrer Einkünfte zur Notdurft des Staats ungefragt liefern sollen? Ungefragt ist freilich eine furchtbare Bedingung; aber wird denn Schottland mehr als zum Scheine gefragt, da seine Repräsentation nur wie ein Tropfen im Wasser ist?[48] Wenn Amerika dreißig Stimmenführer schickte, wären sie dann mehr Herren ihres Geldes gegen das Übergewicht von fünfhundert? Ist die britische Regierung tyrannisch? Gleicht der gütigste König Philipp dem Zweiten oder seinem Statthalter, dem Herzog von Alba?

Als neulich Burke über Unterdrückung und Grausamkeit lärmte, erwiderte Lord North treffend genug: »Und doch können Sie auf die despotische Regierung, worunter Sie seufzen, nach Herzenslust schimpfen; hätten Sie dem Kongreß nur halb so übel begegnet als dem Parlament, so möchte ich Ihr Schicksal nicht teilen.« – Nicht Strenge, sondern Gelindigkeit hat vielleicht allein den Widerspruch zum offenbaren Aufruhr erhoben. Man widerrief eine feierliche Akte; man hat erklärten Rebellen Vergleichsvorschläge getan; to stoop is not allways to conquer. Aber wenn auch diese Gelindigkeit manchem warmen Kopf unpolitisch vorkommt, so ziemte sie doch dem mütterlichen Lande; sie war dem Herzen Georg des Dritten natürlich, und wenigstens hat sie einer: Teil der Mißvergnügten zu

---

[48] Schottland hat fünfundvierzig Stimmen im Hause der Gemeinen, und ein Freund hat mir die Anmerkung gemacht, daß es durch diese kleine Repräsentation darum genug gesichert sei, weil es nur ein Pfund Sterling bezahlt, wenn England einundvierzig Pfund steuert, folglich die fünfhundertdreizehn Engländer den schottischen Farthing nicht fodern können, ohne sich selbst eine Anzahl Pfunde aus der Tasche zu votieren. Allerdings soll diese Ungleichheit des Betrags die Ungleichheit der Stimmen balancieren, aber immer bleibt doch wahr: 1. nbsp;daß Schottland mit seinen fünf und vierzig Stimmen die Frage, ob und welche Taxe aufgelegt werden soll, nur selten entscheiden hilft, 2. nbsp;daß sie unter gewissen Umständen ein Pfund beschwerlicher aufbringen als die Engländer zweiundvierzig, 3. nbsp;daß manche andre Verordnungen der gesetzgebenden Macht, welche Schottland nachteilig sein können wegen des Übergewichts von Stimmen, in den Händen der Engländer sind; und in gleichem Fall würde sich Amerika befinden.

sanftem Gesinnungen, zu Wünschen einer künftigen Aussöhnung gestimmt; sie hat den Haß und Abscheu gemildert, der gewiß mehr im Munde der Rädelsführer als in dem Herzen des Volks herrscht. Schon tönt die Stimme der Wohlgesinnten heller; die Begüterten sind alle der Unruhen müde; sie allein wagen viel und gewinnen nur wenig; sie kauften gern mit einem Teil ihres Vermögens für den übrigen Sicherheit und Genuß, und der größre Haufen, der so hitzig fürs Eigentum kämpft, hat keins zu verlieren. Die Niederländer wurden gleich anfangs durch fremde Mächte wirksam unterstützt; noch hören wir nichts von auswärtigen Bündnissen, welche die neue Republik geschlossen hätte. Nur ein spanischer Brief, der einen amerikanischen Kaper in Schutz nahm, schien ihren Absichten günstig, aber er war vom gefallnen Minister Grimaldi. Deane wird in Paris, wie es scheint, nicht höher geachtet als ein Anhänger des Ritters von St. nbsp;Georg, und Franklin philosophiert mit den Enzyklopädisten. Holland hat Schätze zu opfern, Amerika nichts als Papier, dessen Wert mit jedem verlornen Scharmützel herabsinkt. Tage wie bei Kingsbridge und Neuyork sind für den Kongreß wie untergegangene Schiffe für ein Haus, das nur vom Wechselreiten gelebt hat. Die Niederländer hatten einen Fürsten zum Anführer. Geburt und Stand täuscht nicht den Pöbel allein; auch beßre Menschen finden ihren Stolz durch die Niedrigkeit des Standes ihrer Befehlshaber beleidigt. Jeder gehorcht nur alsdann ohne Murren, wenn die Eminenz des Ranges nicht zweifelhaft ist. Was sind Hancock und Adams? Geschöpfe der Demokratie, die ihre Götzen eins ums andre anbetet und vernichtet. Eine Welle hob sie empor; eine andre begräbt sie im Abgrund. Daher der Mangel an Einigkeit, daher Widersinn in den Entwürfen und in der Ausführung Trägheit. Massaniello war einst gefürchteter als sie.

Hätte Washington ein Heer halb geistlicher Schwärmer, geläng es ihm, den Kongreß, wie Cromwell den Rumpf des Parlaments, zu vernichten, so wäre die Aussicht für England bedenklich, aber trauriger für Amerika selbst; denn wer war mehr Tyrann als Oliver, Protector Libertatum Populi Anglici?

Gespräche zweier Müßiggänger

Erstes Stück

A: Sie also, mein Herr, sind für Zölle, für Verbietung gewisser Waren, für strenge Strafen des Schleichhandels, für hundert beschwerliche Einschränkungen? Freiheit, Freiheit ist das Erbrecht der Menschen. Ihre Stimme schallt laut durch die ganze Natur, und wenn sie unterdrückt wird, so tönt sie leise fort, in jedem Herzen. Der König will, daß sie erschalle, er hört sie lieber als das Geklirre der Ketten, er liebt freie Untertanen und keine Sklaven, Freiheit zu glauben, Freiheit zu schreiben, warum nicht auch Freiheit in allen Arten des Gewerbes? Erlauben Sie jedem Bürger, sein Glück auf dem Wege zu suchen, den er wählt, und werfen Sie die Schlagbäume nieder; lassen Sie das Heer von Untersuchern und Zöllnern das Land bauen, bevölkern und verteidigen, und trauen Sie es dem Fleiß und der Gewinnsucht der Einwohner zu, sich gewiß zu bereichern, wenn man ihnen die Hände nicht bindet.

B: Sie sprechen wohltätig, wie ein Tribun des Volks, und Ihnen gehört eine Krone von Eichenlaub. Sie haben mein Herz auf Ihrer Seite; überzeugen Sie nun auch meinen Verstand. Wir sind in dieser geschäftigen Zeit müßige Zuschauer im Staate. Nichts ist angenehmer, als den Minister zu spielen, wenn man unsern Rat nicht begehrt und wenn wir nicht für den Erfolg haften sollen. Nach Ihrer Meinung also werden alle unsere Häfen zu Freihäfen erklärt. Alle Nationen sind eingeladen, daselbst zu kaufen und zu verkaufen. Kein gieriger Knecht der Zollkammer erschreckt den ermüdeten Schiffer, wühlt in seinen Papieren und in seinem Gelde. Sie haben wohl im voraus an Mittel gedacht, um die Einkünfte zu ersetzen, die der König dadurch verliert und die er, der Bedürfnisse des Staats wegen, nicht wohl entbehren kann?

A: Da habe ich Sie erwartet; nun ist Ihnen gewiß wie einem Finanzkontrolleur bange, der Geld schaffen soll und nichts dafür bieten kann als neue Edikte. Ich denke mir eine weit einfachere Art, Schätzungen zu heben, als durch Zölle und Akzisen. Lassen Sie erst den Handel sich ausbreiten und den Wohlstand zunehmen, geben Sie mir Freiheit, so soll es der Schatzkammer nicht an Gelde gebrechen.

B: Mir grauet vor der magern Zwischenzeit. Denn der Reichtum, welchen Sie erwarten, steht nicht wie ein aufgetürmtes Wasser vor dem Schlußbrett der Schleuse, die man nur öffnen darf, damit Segen das Land überströme. Und wie kann der König so lange einen großen Teil seiner Einkünfte missen? Machen Sie das mit der Rentekammer aus; ich verteidige keinen Zwang; ich helfe Ihnen alle Zollbuden stürmen; unser Handel ist frei; Sie erwarten also nbsp;–

A: Reichtum und Überfluß, mehr Fleiß, mehr Geschäfte, mehr Getümmel, ein angenehmeres und wohlfeileres Leben, Wein für die Hälfte, feinere Tücher, schönere Seidenzeuge, Spitzen, Galonen, Stickerei, Hüte, Strümpfe, aus Frankreich und England. – Aber unsere teure Fabriken – Und warum sind sie teuer? warum sind wir verurteilt, schlechte Sachen mit Geld aufzuwiegen?

B: Sie haben recht; und ich glaube, Sie werden mit fremden Tüchern unsere Land- und Seemacht weit zierlicher und wohlfeiler kleiden. Man schickt den Schwarzen auf der guineischen Küste baumwollene Zeuge, die mir besser gefallen als das Wadmal unserer Bauren. Alle Manufakturwaren anderer Völker sind vollkommner als unsre. Darf ich fragen, holen Sie alle diese Sachen auf eignen Schiffen? oder ist es gleichviel, ob man sie uns zuführt?

A: Wenn ich Freiheit verlange, so verlange ich sie ganz. Ich sehe dem Gedränge von fremden Schiffen mit einer warmen Freude entgegen; ich frage nicht, wo sie zu Hause gehören, sondern ob ihre Ladung, wohlfeil und gut ist.

B: So sind wir erst glücklich! Denn die Holländer werden uns mit allem liebreich und brüderlich versorgen; sie werden uns die groben Waren der Ostsee, Hanf, Flachs, Teer, Masten und Korn, bessern Kaufs bringen, als wenn wir sie selbst holten; sie sind besser im Fischen geübt als wir; sie werden uns unsre Stockfische und Walfische fangen und uns solche notdürftig und billig überlassen; endlich treiben sie wohl auch den kleinen Handel auf unsern Küsten, bringen uns Butter aus Holstein und Vieh aus Jütland, führen unser Korn nach Norwegen und nehmen unser Holz und unser Kupfer auf ihren Fahrzeugen mit weg. Welche Menge Schiffe, Matrosen und Unkosten ersparen wir alsdann nicht? Es ist, wie Domat, ein großer Rechtsgelehrter, sagt: weit besser, Fremde an sich zu ziehen, als zu ihnen zu kommen; denn man entgeht dadurch den Gefahren und den Beschwerlichkeiten der Schiffahrt. Würklich, ein beneidenswürdiger Zustand! Die ganze Welt arbeitet für uns, und wir legen die Hände in Schoß! Ich kenne nur zwei so glückliche Länder in Europa: Portugal wird von England versorgt, bekleidet, bewaffnet und belustiget; und in den Handel von Spanien teilen sich die Engländer, Franzosen und Holländer. Es ist wahr, in beiden Reichen hat man noch keinen Zweig der Industrie zu einiger Vollkommenheit gebracht: dahingegen ist es edel, sich bedienen zu lassen; und ihre Flotten aus Amerika bringen Schätze gnug mit, um viele hundert Meilen von Lissabon und Madrid den Fleiß fremder Arbeiter zu bezahlen. Aber aus welchem Ophir holen wir Gold, mein Herr nbsp;A, und welcher Merlin rührt die Völker mit dem Zauberstabe an, damit sie am Ende des Jahrs unsre Zettel für Silberbarren halten?

A: Sie verwirren mich ein wenig; aber noch gebe ich nicht verloren. Ich kämpfe für die Freiheit. Auch hier unterzuliegen ist rühmlich. Sehen Sie nicht so vertraulich in die ungewisse Zukunft, und weissagen Sie keinen Untergang der Staaten.

B: Das ist indessen das unvermeidliche Schicksal eines jeden Landes, das wenig abzusetzen und viel Bedürfnisse hat und dessen Handel und Schiffe gegen andere Nationen noch weit zurück ist. Wenn man dieses Land der geübtern Geschicklichkeit der Fremden ohne Fürsicht preisgibt, so geht es ihm wie einem sorglosen Verschwender, der eine Zeitlang herrlich von seinem Kapitale lebt und endlich im Elend stirbt. Solange das Erbteil währet, wimmelt es in seinem Vorzimmer von Kaufleuten und Schmeichlern; man errät und befriedigt seinen Geschmack; man kommt seinen Wünschen zuvor; man tut allen seinen Phantasien gnug; aber der Schwarm nimmt ab, sowie die Barschaft wegschmilzt; zuletzt bleibt er allein unter den Trümmern seines Überflusses mit Begierden, die er nicht mehr vergnügen kann, unfähig, sich selbst zu ernähren, von den Mitteln entblößt, seine Notdurft zu kaufen, verurteilt wie der ehemalige Besitzer der roten Hämmel, Candide, von den Früchten seines kleinen Gartens kümmerlich zu leben. Ich überlade das Gemälde nicht: ein Staat hat in der Minderjährigkeit seines Handels Vormünder nötig.

A: Sie mögen Ihren Grundsatz noch so scheinbar vortragen; bei mir gilt das Urteil der Leute vom Handwerk. Alle Kaufleute sind für eine völlige Freiheit. Wie widerlegen Sie eine so einstimmige Meinung?

B: Aus dem Munde eines erleuchteten Kaufmannes, des Engländers Gea. Wenige unter uns, sagt er, erheben sich über den Eigennutz und sind einen Rat zu geben fähig, der nicht nach Privatvorteil schmeckt. Kaufleute können sich bei dem Verluste des Staates recht wohl stehen, und ein Handel, der uns aussaugt, kann sie geschwinde bereichern. Warum soll man auch von ihnen die Selbstverleugnung fordern, das allgemeine Wohl dem ihrigen vorzuziehen? Wenn es in ihren Büchern gut steht, was gehet sie das Buch der Nation an? Der Holländer, welcher zur Rede gestellt wurde, weil er mitten im Krieg Pulver an Ludwig den Vierzehnten verkaufte, um sein eigen Vaterland damit zu verwüsten, antwortete im Geiste des Handwerks: »Ob wir Krieg oder Frieden haben, das ist nicht meine Sache; mein Pulver ist bezahlt, und ich stehe dafür ein, daß es gut sei. Wenn man Pech und Schwefel nach der Hölle verlangt und Rimessen schickt, so soll Mynheer Satan mit echter Ware bedient werden.« Es kommt überhaupt hier auf keinen autoritätischen Ausspruch, sondern auf die Sache selbst an. Ich bin überzeugt, und ich glaube bewiesen zu haben, daß unser Land bei einem ganz freien Handel notwendig verarmen muß, und alle Stimmen des großen Haufens können mich vielleicht überschreien, aber nicht eines andern überzeugen.

A: Nur noch kein Siegesausruf, ich bitte; denn mein stärkster Hinterhalt für die Freiheit ist noch nicht im Treffen gewesen. Werfen Sie dort Ihre Augen hin auf die tapfern Bataven, die mit dem spanischen Joch alle Fesseln abwarfen. Dieser Haufen Bettler, wie sie die Statthalterin nannte, wurde schnell zur reichsten Nation der Erde. Zwischen dem Jahr 1579, da sie ganz von Spanien abfielen, und dem Jahr 1609, da sie ihren zwölfjährigen Stillstand schlossen, hatten sie ihre Vereinigung durch zwei Provinzen verstärkt, den Hafen von Sluis weggenommen, Bergen op Zoom, Breda, Hertogenbosch erobert, Ostende drei Jahr lang verteidigt, den Spaniern in ihren eignen Häfen getrotzt und die Kanarischen Inseln geplündert. Mitten in diesem kostbaren Kriege erhob sich Amsterdam als die Königin des Meeres und war schon damals, was es jetzt ist, das Magazin der ganzen Welt. Wie konnte dieses Volk solche Ausrüstungen bezahlen und noch Schätze dabei sammlen? Bloß durch seinen freien und ausgebreiteten Handel, indem es alle Früchte der Erde und alle Produkte des menschlichen Fleißes frei ein- und auszuführen erlaubte, indem es gerade gegen Ihre Grundsätze handelte; sonst wären die Holländer noch jetzt ein armseliges Volk; sie würden in ihren Morästen herumkriechen, sich bei jedem Windsturm auf ihre Sanddünen retten und kümmerlich von den Fischen ihres Strandes leben; sie hätten gewiß dem Ozean keine Erde abgetrotzt, nicht die Macht der Fluten durch Dämme gebändigt, sich nicht unter dem Wasserhorizont sichre Wohnungen gebauet, nicht ihre Sümpfe in Gärten verwandelt und mit Dörfern, Städten und Menschen bedeckt. Wenn die sichtbare Erfahrung wider Sie predigt, so beweisen Sie immer; ich widerlege Sie wie Diogenes den Sophisten, der die Bewegung leugnete: er ging. Nun darf ich, dünkt mich, den Lorbeer ums Haupt winden. Hier ist meine Hand. Überwundenen muß man großmütig begegnen. Lassen Sie uns von etwas anders reden.

B: Wie aber, wenn Ihre ganze Tirade mehr blendend als gründlich wäre, wenn Sie aus ganz verschiednen Umständen einerlei Resultate erwarteten, wenn es mit Holland und seinem freien Handel eine ganz eigne Beschaffenheit hätte, die sich weder auf uns noch auf irgendein anderes Land paßt?

A: Wie wollen Sie das beweisen?

B: Ohne viele Mühe. Erst wollen wir Holland von dem ersten Anfang seines Daseins folgen, und dann mögen Sie urteilen, ob nicht besonders glückliche Umstände und unbegreifliche Fehler andrer Nationen der Hauptgrund ihres Wohlstands gewesen, ob ihr freier Handel den Reichtum oder ihr Reichtum den freien Handel veranlaßt und noch jetzo erhält.

A: Das ist für mich ein ziemlich neuer Gedanke. Der Reichtum von Holland, das kaum den achten Teil seines Brotkorns bauet? Aber ich will geduldig zuhören.

B: Es ist ausgemacht, daß die Einwohner von Flandern die ersten Weber in Europa waren. Schon im Jahr 960 sind Märkte in diesem Lande bekannt, auf welchen man Manufakturwaren nach Frankreich und Deutschland vertrieb. Durch Kriege mit Frankreich verlor

Flandern einen Teil seiner Fabriken, die sich nach Löwen in Brabant zogen.

Im Jahr 1200 hatten sich die Kreuzherren Meister von Preußen und Litauen gemacht, und die an der Ostsee gelegenen Städte fingen an, die dort fallenden groben Waren nach den Niederlanden, Engelland, Spanien, Italien und Frankreich zu bringen und von daher, besonders aus den Niederlanden, Manufakturwaren zurückzunehmen. Diese waren also der erste Grund ihres Handels, die erste Quelle ihres Reichtums; und sie nahmen immer mehr in dem eigentlichen Holland zu. Denn im Jahr 1303 entstand Aufruhr unter den Webern in Löwen, Ypern und Brügge; ein Teil derselben flüchtete nach Engelland und ein Teil nach dem Lande über die Maas und nach Holland. Als ohngefähr gegen 1360 die Kriege zwischen Dänemark und Schweden die See unsicher machten und Wißburg geplündert wurde, so entstand der Bund zwischen den Hanseestädten, um die freie Fahrt und den Handel zu beschützen. Die sogenannten Österlinge wurden eine Zeitlang Herren in der See, aber Holland gewann ihnen bald den Rang ab; denn im Jahr 1400 ward die Kunst, Heringe zu salzen, erfunden: eine neue Ware, die man überall bedurfte und nur in Holland fand. Unterdessen war Antwerpen zum höchsten Grade des Wohlstandes aufgeblüht. Aus Italien schickte man die Produkte der Seidenwebereien, die Waren aus der Levante, aus Persien und China dahin und verteilte sie da weiter durch Europa; die Portugiesen entdeckten den Weg ums Kap und die Spanier Amerika; beide Nationen handelten mit ihren eroberten Schätzen nach Antwerpen, und die Engelländer hatten daselbst ihren Stapel. Im Jahr 1585 zerstörte der Prinz von Parma dieses neue Karthago; und hier fing der glückliche Zeitpunkt der Holländer erst an. Amsterdam erbte alle Reichtümer seiner älteren Schwester; die Spanier wollten aus einer falschen Staatskunst die Scheide nicht wieder öffnen, damit diese Stadt arm und unterwürfig bliebe; alle Kaufleute entwichen, nicht nach Frankreich oder Engelland, denn da wurde der Handel durch Auflagen gedrückt und kein Fremder begünstigt, auch nicht nach Flandern, wo weder bürgerliche noch Gewissensfreiheit herrschte, sondern nach Holland, wo man sie brüderlich aufnahm und wie eigenen Kindern begegnete. Die Fischereien zogen sich ganz dahin. Die Tuchmanufakturen ließen sich in Leiden und die Leinwandsfabriken um Haarlem herum nieder. Amsterdam erwarb eine Menge reicher und kundiger Kaufleute und durch sie neue Zweige eines einträglichen Handels. Eine Menge glücklicher Umstände vereinigten sich also zum Vorteil der Holländer, aber der Untergang von Antwerpen war allein genug; und diese Begebenheit war nicht in der Ordnung der Dinge, war weder eine Folge ihres Fleißes noch ihrer Klugheit: denn sie trugen nichts dazu bei, daß die Spanier lieber dürftige Sklaven als reiche Bürger haben wollten. Sie hinderten bloß die Würkung dieser Regierungsfehler nicht; sie verschlossen ihre Türen dem Überflusse nicht, der von allen Seiten auf sie zudrängte. Das ist noch nicht alles. Eine Gesellschaft von Kaufleuten wurden Könige in Ostindien, alleinige Besitzer der Gewürzwaren, und hierzu kam ihr Walfischfang. Nach einer zuverlässigen Berechnung haben sie dadurch in sechsundvierzig Jahren sechzehn Millionen Pfund Sterling aus der Tiefe des Meeres heraufgearbeitet. Sie begreifen nunmehro, daß sie für ihre Gewürze, ihre Fische und ihre Manufakturprodukte die Notwendigkeiten ihres Lebens eintauschen und die Wünsche ihrer Üppigkeit befriedigen können, ja sie behalten noch eine Menge Waren übrig, die man ihnen mit barem Gelde bezahlen muß. Ihr Handel hat daher keine Einschränkung nötig, denn sie verkaufen beständig mehr, als sie kaufen; die Balance ist überwiegend auf ihrer Seite, die meisten Nationen sind am Ende des Jahres ihre Schuldner. Sie gewinnen daher auch immer auf den Wechselkurs, und Holland ist einem Meerwirbel ähnlich, der das Vermögen aller Nationen in sich schlingen würde, wenn nicht Amerika die Lücken ausfüllte und wenn man nicht nach und nach Fahrten entdeckte, um den schädlichen Wirbel zu vermeiden.

Sie sind Meister im Felde und haben keine Festungen, keine Bollwerke nötig. Wir aber würden bald überwunden und geplündert sein, wenn wir die unsrigen niederreißen wollten. Was sagen Sie nun, mein Herr nbsp;A? Sind Sie noch für einen ganz freien Handel in Dänemark? Denken Sie noch, daß wir es in gleichem Spiel mit den Holländern aufnehmen können, daß wir dabei gewinnen würden?

A: Ich bin zornig auf Sie – Sie haben mich um meinen Lieblingseinfall gebracht: Kein freier Handel! – eine traurige Aussicht!

B: Ein freier Handel, aber kein ganz freier Handel ist möglich. Die Mittel sind leicht, um fremde notwendige Waren wohlfeiler einzubringen, überflüssige auszuschicken, unsere Manufakturen gegen die geringeren Preise anderer Länder zu schärfen und vom Untergang zu retten. Vor allen Dingen ziehen wir, mit Ihrer Erlaubnis, unsern Zöllnern und Sündern die Montur wieder aus, zumal da sie zum Teil nur eine schlechte Figur unterm Gewehr machen würden. Jede weise Regierung hat sich der Zölle, ihrer Erhöhung und Verminderung, bedient, um den Handel des Landes gegen den Handel anderer Nationen abzuwägen, zuweilen diesen Zweig zu begünstigen, jenen zu belasten, je nachdem es ihr Vorteil oder ihre Notdurft erheischte. Der König von Preußen gestattet keinen freien Handel; Frankreich ist seinen strengen ausschließenden Gesetzen und seinen Auflagen auf Waren anderer Länder das Aufkommen seiner Fabriken allein schuldig; und es ist ein lächerlicher Irrtum, wenn man glaubt, daß die Holländer sehr geringe oder gar keine Zölle haben. Oft sind in Holland einige fremde Waren ganz verboten, und alles, was im Lande verbraucht wird, selbst die ersten Notwendigkeiten des Lebens, sind mit schweren Abgaben belegt. Sie schonen bloß die ausgehenden und durchgehenden Waren, die sie bei sich zum Verkauf auflegen.

A: Und hiervon haben Sie geschwiegen. Die Holländer macht ihr selbständiger Handel, wie man ihn nennen könnte, nicht allein reich, sondern ihre Fracht, ihre Auflage nbsp;–

B: Sie haben nicht unrecht. Die Holländer sind die Fuhrleute zur See für alle Nationen, oder wenigstens für die, welche nicht aufmerksam genug sind, das Fuhrlohn selbst zu verdienen, die, wie Sie es Dänemark anraten, alle fremde Schiffe in ihren Häfen ohne Einschränkung aufnehmen. Diese Quelle ihres Reichtums kann versiegen, sobald man aufgeklärter und klüger werden will.

A: Man versichert mich aber, daß die Holländer manche Bedürfnisse weit wohlfeiler zuführen, als man sie mit eigenen Schiffen aus der ersten Hand holen kann.

B: Nichts ist natürlicher. Sie fahren mit weniger Mannschaft und wohlfeilem Schiffen. Der Schiffszimmermann, der Segelmacher, der Seiler, Brauer und Branntweinsbrenner treten zusammen und rüsten ein Schiff aus; jeder hat nach dem Verhältnis seines Beitrags und seiner Arbeit, so wie der Schiffer selbst für seinen Lohn, einen Anteil darinne; sie sind zugleich selbst Reeder, und wenn sie Vorschuß gebrauchen, so finden sie Geld zu drei Prozent Zinsen. Ihr ausgebreiteter Handel macht, daß wo sie eine Ladung hinbringen, da finden sie auch meistenteils eine wieder zurück, oder sie wagen es, auf Spekulation eine zu nehmen, führen sie nach Holland oder hökern sie in irgendeinem andern Hafen aus und gewinnen auf der einen Seite, was sie auf der andern verlieren. Sie können also mit einer Ausrüstung tun, was wir und andere Nationen mit zwei und mehr verrichten müssen; und wenn es nicht gelingt, so haben sie oft kein Geld, sondern bloß ihre Mühe verloren. Die Vorteile dieser Einrichtung können leicht zehn, à zwanzig und mehr Prozent betragen, die oft eine Ware mehr kosten würde, wenn man sie nicht von ihnen empfinge, sondern aus der ersten Hand holte.

A: So sind, dünkt mich, die Kunden der Holländer nicht zu tadeln – denn wenn man fremde Waren nötig hat, so ist es besser, sie da zu kaufen, wo man sie am wohlfeilsten findet.

B: Wenn der Kaufmann rechnet: ja, nicht aber, wenn der Staat rechnet. Denn für die Nation ist es unendlich besser, ihre Fracht selbst zu verdienen und sie doppelt zu bezahlen, als nur halb soviel den Holländern zu gönnen, zumal wenn die Stärke dieser Nation in ihrer Schiffahrt und in ihren Flotten vorzüglich besteht; und die schärfsten Gesetze sind die weisesten, um alle Fremde davon auszuschließen. Engelland wäre gewiß noch ferne von seinem jetzigen Flor, hätte der große Übeltäter Cromwell nicht dafür durch die Navigations-Akte gesorgt, die allen seefahrenden Völkern heiliger sein sollten, als es die Sybillischen Bücher den Römern waren. Ihr Inhalt ist Ihnen ohne Zweifel bekannt?

A: Ich erinnere mich dessen nur obenhin.

B: Nach dieser Akte soll kein fremdes Schiff andere Waren, als die in seinem Lande fallen, nach Engelland bringen; nach den Kolonien sollen nur englische Schiffe gehn, und nur auf solchen sollen alle Produkte derselben nach Engelland gebracht werden; von Hafen zu Hafen wird keinem fremden Schiffe zu handeln erlaubt; Fische, Walfisch, Tran und Fischbein, von Fremden gefischt, bezahlt doppelten Zoll; und die künftige Verminderung der Zölle kommt bloß englischen Schiffen zugut; Hanf, Mastbäume, Teer, Pech, Salz,

Rosinen, Baumöl, Korn, Wein und Branntewein darf nur auf englischen Schiffen gebracht werden, oder die damit beladenen fremden Schiffe müssen an dem Orte, wo die Produkte fallen, gebaut sein. – Cromwelln gelang es dadurch, die Holländer zu demütigen; und ich erwarte mit der Zeit ein ähnliches Gesetz von der großen Kaiserin, die ihre Blitze aus dem Finnischen Meerbusen bis auf die Hohe Pforte schleudert und deren Flotten zu handeln anfangen werden, wenn sie zu siegen ermüden. Mancher britische Vaterlandsliebhaber hat sich wohl auch vormals auf der Londner Zollbude gegrämt, die Themse von fremden Wimpeln und Flaggen entblößt zu sehen; aber Josias Child, ein erleuchteter Kaufmann, bezeuget, daß die englische Schiffahrt siebenzehn Jahre nach der Akte dreifach stärker als vorher gewesen sei.

A: Sie zielen wohl damit auf unsern Patrioten, den Herrn Philopatreias?

B: Vaterlandsliebhaber drückt den Mann und den Namen recht wohl aus, und Amoureux sagt es noch besser, denn ein warmes Herz und die Leidenschaft entschuldigt manche Schwärmerei. Ihm gelüstet nach irländischer Butter; er sei herzlich darauf willkommen, aber nur soviel, als er zu seinem Frühstücke braucht, denn wir befinden uns wohl bei der unsrigen. Er will Geld in Roulance gesetzt wissen; welche Denar zieht uns einen goldenen Regen vom Himmel? Er mag die großen Kaufleute nicht, denn sie unterdrücken die geringern; wir erneuern also wohl die Gesetze des Lykurgs und teilen das Vermögen aller Einwohner des Staats in gleiche Portionen: ich und er, wir würden beide vielleicht dadurch nicht verlieren.

A: Indessen hat die Freiheit der Presse eine vorteilhafte Gärung in der Nation veranlaßt. Für mich ist dieses Gelärme von Geistern, die wie aus einem Schlummer erwachen, ein angenehmes Schauspiel. Mir kommt es vor wie in der Natur des Lukrez: ein Gewimmel von Atomen, die nach allen Richtungen hinfahren, denn schnell im Kreis herumfliegen, denn tief zu Boden sinken, zuweilen ein leuchtender Blitz aus dem finstern Chaos. – Wir müssen erwarten, was für eine Welt daraus wird.

B: Wer kann die Zufälligkeiten alle berechnen? wer weiß, wenn dieser Schwarm von Atomen sich in Elemente zusammendrängt?

Die Freiheit zu schreiben ist immer ein würksames Mittel, um den Verstand in Zirkulation zu setzen, den sonst jeder, wie verbotene Münzen, wie Irons Rubel, verschließt. Nur muß man nicht glauben, daß der gute Name der Bürger dadurch der witzigen und unwitzigen Bosheit eines jeden Skriblers preisgegeben sei. Der gute Name gehört mit zum Eigentum und darf nicht mit Gewalt geraubt werden. Alle Gesetze sind nicht mit der Zensur aufgehoben; wer im Beisein von Zeugen seinen Nächsten lästert, wird gestraft: warum sollte der frei ausgehen, der durch den Druck und im Angesicht des Publikums lästert? Diesen Mißbrauch ausgenommen, so lasse ich mir gerne lächerliche Vorschläge, übel verdaute Einfälle, phantasiereiche unmögliche Staatsmaximen gefallen. Denn die Entwickelung des Verstandes fängt vom Romanhaften an, geht zum Wahren und Gründlichen über und artet endlich ins Zierliche aus. Es findet sich wohl mit der Zeit ein Lukian, der die guten Schriftsteller und die Minister aus der Kelleretage zusammen öffentlich ausbietet, damit ihr Gehalt bestimmt werde. Aber wieder zur Sache nbsp;–

A: Was haben Sie mir nun alles mühsam bewiesen? Daß uns ein ganz freier Handel schädlich sein würde und daß wir uns nach ganz andern Grundsätzen als die Holländer richten müssen. Wir haben, wie Sie wissen, Einschränkungen genug, und wir ahmen die Holländer nicht nach. Wir tun ohngefähr, was Sie wollen. Unser Handel hat also keine Ermunterung nötig? Er ist so ausgebreitet und so blühend, als wir es wünschen? Sie können das nicht im Ernste behaupten. Und welche Mittel schlagen Sie vor? Meine einfache fruchtbare Maxime haben Sie mutwillig vernichtet: predigen Sie nun Ihre neue Weisheit, und erfinden Sie etwas Bessers.

B: Das wäre vielleicht nicht unmöglich, wenn uns nicht eine Menge Nachrichten fehlten. Um die Kräfte des Staats und den Gang seiner inneren Betriebsamkeit zu berechnen, müßten gewisse Facta bekannter sein. In Engelland und Frankreich sind die Register der Zölle und der Schatzkammer, die Balancen der Kompanien, der Banken und der Schulden in aller Neugierigen Händen. Hier aber darf kein Profaner auch nur einen Zipfel des Vorhanges aufheben, der diese Geheimnisse deckt.

A: Sind das aber nicht Staatsgeheimnisse? nbsp;–

B: Deren Resultat nicht verborgen bleiben kann. Einem einzelen Bürger gelingt es zuweilen, seine Umstände eine Zeitlang zu verhehlen und reicher zu scheinen, als er ist; aber kein Staat verbirgt sich; man schätzt ihn ohngefähr so hoch, als er wert ist. Die Hauptsumme wird verraten, warum soll das Detail dieser Hauptsumme verschwiegen bleiben? Solange dies der Fall ist, sind alle Vorschläge schwankend, denn man kann sie nicht mit Gewißheit auf unsern Zustand anwenden. Dem ohngeachtet sollen Sie meine Einfälle hören. Ich will mich aus Freundschaft für Sie in den Rat träumen, wo man mich weder begehrt noch bedarf. Aber nun ist es Zeit nach der Oper. – Ich mag gerne die ernsthaften Geschäfte des Lebens mit ein wenig Freude mischen, so wird die Seele heiter und gebiert ohne Schmerzen.

A: Diese Göttinnen und Halbmenschen sind eine teure fremde Ware nbsp;–

B: Und ein vorteilhaftes Produkt des italienischen Fleißes. Eine Fabrik mit der Aufschrift: quì si castra con gusto, ist mancher andern vorzuziehen. Wir wollen ein andermal mehr von allen diesen Sachen schwatzen; kommen Sie – es ist die höchste Zeit.

Ästhetische Studien

Ein Brief über das deutsche Theater, an die Freunde und Beschützer desselben in Hamburg

Meine Herren,

Sie unternehmen es also, das deutsche Theater zu reformieren, unsere Schriftsteller zu ermuntern, unsere Schauspieler zu bilden und zu bessern? Sie getrauen sich, auf gute Originalstücke zu hoffen, ohnerachtet man die Klage des Opitz[49] noch auf unsere Zeit anwenden kann, daß in der deutschen Sprache, die sich doch sonst etwas wittern will, wenn ich vier oder fünf Stücke ausnehme, durchaus nichts dergleichen an den Tag gebracht worden, das einem Trauerspiel oder einer Komödie ähnlich wäre? und Sie wollen alles dieses ausführen, nachdem Gottsched tot ist? – Ich bewundere Ihren Mut; Sie verdienen beinahe die Danksagung, welche der römische Senat dem Varro verordnete: »Quod de republica non desperaverit.«

Es ist wahr, die Erwartung von Deutschland ist schon lange auf Ihre Stadt gerichtet gewesen, da es Berlin nicht sein konnte, da der Held um den Lorbeer bei dem Überwundenen buhlt, da er es nicht leiden will, daß wir sie mit Gesang schlagen, sie, die er mit dem Schwert schlug, so ist es Hamburg allein, und glücklicherweise kann es die Unterstützung der Großen entbehren. Sie werden bei dieser Gelegenheit die Freiheit nicht mißbilligen, mit welcher ich Ihnen meine Anmerkungen und meine Wünsche mitzuteilen gedenke, es sind Träume eines patriotischen Deutschen, die, wie die Träume des Abts von St-Pierre, wohl nicht bestimmet sind, erfüllt, vielleicht nicht einmal gedeutet zu werden.

Ich wünsche zuvorderst eine Hauptverfolgung gegen die deutschen Nachahmer zu erregen, gegen diesen Geist der Knechtschaft, in welchem wir, an das Mittelmäßige gefesselt, schon so lange einhergehen; wie können wir ein eigenes Theater erwarten, wenn wir ewig übersetzen und wenn unsere Schauspieler fremde Sitten mit deutschen Gebärden ausdrücken sollen? Wenn wagen wir es end-

---

[49] Martin Opitzens Vorrede zu seiner »Judith«.

lich einmal, zu sein, was wir sind? Ist unsere Empfindung des Schönen nicht durch vortreffliche Schriften unserer eigenen Landsleute, durch eine strenge und richtige Kritik aufgeheitert genug? Sind uns nur allein die Schätze der Alten verschlossen? Haben nicht Dichter unter uns die Sprache der Leidenschaft geredet und die wahren Töne der schönen Natur ausgesprochen? Ist nicht einem Deutschen in der Epopöe ein Meisterstück gelungen? Dürfen wir nicht wenigstens auf zwei oder drei Trauerspiele stolz sein? Ich dächte, mit der tragischen Muse sollten wir es weniger als die Franzosen verderben, denn noch sind wir frei, noch seufzen wir nicht unter dem Joch eines angenommenen Wohlanständigen, gegen welches der wirklich erhabene Corneille, der zärtliche Racine und der oft rührende Voltaire sich zuweilen vergeblich aufzulehnen versuchten, wir haben noch kein Parterre, das, wie ihre Frauen vom Stande, mit Vapeurs geplagt ist, das, ohne übel zu werden, kein Blut sehen kann, das ihre Helden verdammt, hinter der Kulisse zu sterben, und von einem Römer oder Griechen Manieren des gesitteten Umgangs der letzten zehn Jahre verlangt. Wir sind noch nicht genötiget, alle Handlung in kalte Erzählungen, die Leidenschaften in Gemälde derselben und den ganzen tragischen Dialog in eine pathetische Konversation zu verwandeln.

Es ist mir so sehr um den Originalgeist meiner Landsleute zu tun, daß ich der Unternehmung eines unserer guten Schriftsteller nicht beifallen kann, der es versuchet hat, die englische Handlung mit dem französischen Vortrag zu verbinden; denn nicht zu gedenken, daß dieses immer noch Nachahmung ist und daß das deutsche Theater dadurch nichts gewinnet, so schicken sich keine Tiraden in den Mund des Othello, und wer wie die Bösewichter des Voltaire spricht, kann nicht wie Macbeth handeln; man würde ungewiß sein, welches verwerflicher wäre, Paris mit der Miene des Hektors oder Herkules, der mit schlaffen Muskeln den Antäus erdrückt.

Noch weniger würde ich es billigen, wenn man, wie die Engländer, alle Regeln der Einheit verleugnen, zur See und zu Lande auf der Bühne herumreisen und Jahre damit zubringen wollte. Es ist so schwer nicht, ein Mittel zwischen dieser Kühnheit und dem furchtsamen Franzosen zu treffen, der es auf dem Theater kaum wagt, aus der Stube zu gehen. Warum wollen wir uns just nach fremdem Maßstabe messen? Es sei bei dem künftigen Kunstrichter der unterscheidende Charakter der deutschen Theaterskribenten, daß sie nie die Gesetze der Illusion beleidigen, daß ihre Helden die Sprache ihrer Zeit geredet und gehandelt haben wie in der Geschichte.

An Stoff zu neuen Trauerspielen kann es uns übrigens nicht mangeln, ohne daß wir die Fabeln der heroischen Zeit mißhandeln und die Sujets der Alten nach unserer Weise travestieren, an die Seite ihrer großen idealischen Gestalten unsere gebrechliche Formen hinstellen wie Zwerge neben einen Riesen.

Die alte nordische Geschichte gehöret uns zu, und sie ist reich an großen Begebenheiten aus dem Alter der unverzärtelten Seele, sie ist dem Dichter, der das wahre Erhabene fühlt, fast mehr als die griechische wert. Auch unsere mittlere Zeiten sind nicht an Vorfällen leer, die sich für das Trauerspiel schicken;[50]

[51]

[52]

[53]

[54]

---

[50] Karl der Große an dem Tage seines Sieges über die Sachsen und die Bekehrung des Wittekinds und des Albions würde durch eine glückliche Ausbildung ein vortreffliches Sujet abgeben. Die Empfindungen eines freien und tapfern Volkes, in dem Augenblicke, da es seinen Nacken unter das Joch beugen soll, der Eifer desselben für seine Götter kontrastiert mit dem Eifer der Priester in dem Heere des Kaisers. Der Sieger, bald stolz, bald menschlich, bald großmütig, bald staatsklug, im heftigsten Streit umgetrieben, endlich zur Härte verleitet und doch unserer Bewunderung noch würdig!

[51] Heinrich der Vierte, der unglücklichste Regent, dessen unsere Jahrbücher gedenken, von seinen Söhnen, deren einen er liebte, verlassen, verfolgt und endlich des Reichs beraubt.

[52] Die rührende Geschichte des jungen Herzog Konradin von Schwaben, ich weiß nicht, ob es möglich ist, eine glücklichere Fabel vor das Trauerspiel zu erfinden.

[53] Wenn Liebe die Triebfeder sein soll, um die Handlung zu beleben und auf das Herz des Zuschauers zu wirken, so erinnern wir uns der Eifersucht Karls des Dritten und Heinrichs des Zweiten gegen ihre Gemahlinnen, deren Unschuld in der Macht des Dichters steht.

[54] Keine Begebenheit aber enthält mehr tragische Anlage als die Rache der Witwe des Crescentius. Otto der Dritte hatte ihren Mann, einen Rebellen, am Leben

[56] bei Gegenständen aus der vaterländischen Geschichte ist es vielleicht allein möglich, das Kostüm zu erreichen und alle Forderungen zu erfüllen; die Unglücksfälle und die Taten unserer Vorfahren haben vor uns ein ganz anderes Interesse als die wütende Medea und der abscheuliche Atreus, wir sehen diese Wahrheit noch täglich auf der englischen Bühne bestätigt, und wem ist die mächtige Wirkung der Tragödie des Belloy unbekannt?

Die Epoche der guten Komödie scheint freilich noch ferne von uns zu sein, am Lächerlichen fehlt es uns nicht, aber welche Sitten sollen wir schildern? Die Sitten einer einzelnen Provinz? denn die zwei neuen Abhandlungen vom deutschen Nationalgeist haben uns keine gegeben; sehen die Deutschen an der Elbe und an der Donau sich ähnlich? Haben wir eine Hauptstadt, die uns alle versammlet, die uns mit uns selber bekannt macht? die den Ton angibt, deren Moden Gesetze vor die ganze Nation sind? Man hat die Sitten und die gesellschaftliche Sprache von Sachsen zur herrschenden in unserem Lustspiel gemacht, in vielen Gegenden von Deutschland aber wird man sie weichlich und tändelhaft finden, indessen sind die Sachsen vergleichungsweise noch am meisten zum feineren Leben gebildet, denn der größte Teil unseres Vaterlandes sind, wie Moser sagt, noch moralische Wälder und Heiden.

Der Witz des Umgangs, der geistvolle Scherz, die lachende Satire, die Urbanität (eine Sache, die unsere Sprache noch nicht nennt),

---

gestraft, sie verbarg ihren tödlichen Unmut unter der Larve der Liebe, gewann durch ihre Schönheit das Herz des Kaisers und vergiftete ihn. Der Regent, in die Witwe eines Rebellen verliebt, sie, eine Mörderin ihres Fürsten, ihres Liebhabers, zu dieser Tat durch eine rechtmäßige Zärtlichkeit, durch einen unüberwindlichen Schmerz bewogen. Welche Situationen!

[55] Ich habe nur flüchtig in der Geschichte der Kaiser gewählt; in niedrigem Ständen ist diese Zeit an tragischen Sujets noch weit fruchtbarer.

[56] In dem sogenannten »Nötigen Vorrat zur dramatischen Geschichte der Deutschen«, worinnen Gottsched aus Nationalstolz unsere Schande aufgedeckt hat, finde ich, wie ich im Blättern wahrnehme, nur sechs oder sieben vaterländische Stücke, und was für Stücke? Der »Klausensturm«, der »Beuzensturm«, ein drittes, worinne die Jungfrau Augsburgische Konfession und die babylonische Hure die Hauptpersonen sind. Es ist schon lange her, daß wir uns selbst höchst uninteressant vorkommen.

alles dieses sind Kennzeichen der schönsten Zeit eines Volks; auch rauhe Nationen haben ihre Ossiane gehabt, aber Moliere konnte nur unter Ludwig dem Großen, nur in Frankreich geboren werden. Wir haben leider eine Originallaune, die, als Karikatur betrachtet, nicht ohne glückliche Züge ist, ich meine die Possenspiele des Hanswursts, sobald wir aber die komische Sprache verfeinern wollen, so werden wir fade oder gekünstelt. Die höhere Komödie kann uns nicht wohl besser gelingen; denn in der guten Gesellschaft sind wir meistenteils keine Deutsche mehr, unsere Sitten sind nachgeahmt und unsere Einfälle übersetzt, unsere ganze Artigkeit ist, wie Hamann-Böhme weissagt, aus französischer Seide gesponnen, und wenn wir diese schielende Geschöpfe auf das Theater bringen, so kopieren wir die Kopie. Die Regierungsform in Deutschland trägt unstreitig sehr viel zu der Unfruchtbarkeit unserer Charaktere mit bei; die deutsche Freiheit ist nicht viel mehr als eine Redensart in dem Stile der Reichs- und Kreistage; wir empfinden nachdrücklich genug die schwere Hand unserer Beherrscher, die bis an die Grenzen ihrer Staaten herumreichen und sie durch und durch mit ihrer Gegenwart ausfüllen, wir werden nach dem Ton ihrer Höfe untertänig erzogen, nach kleinen Aussichten gebildet, wie Bäume in geschmacklosen Gärten in schnörkelartige Gestalten verschnitten und nur sehr sparsam durch den Staubregen ihrer Wohltaten erquickt. Was Wunder, wenn man auf dem deutschen Boden nur ungesunde Stauden und Buschwerk wahrnimmt?

Die französische Regierung ist freilich eigenmächtig genug; aber die Monarchie ist groß, man ist dem Jupiter und dem Donner nicht so nahe, sie wird dem Haufen am Throne nur fühlbar, und der unbebänderte Weltweise, der mit der Titelsucht unbehaftete Bürger lebt und denkt, wie er will, über dies, so breitet die Handlung, der Fleiß, die zinsbare Torheit modesiecher Völker Reichtum und Überfluß unter ihnen aus und folglich Unabhängigkeit und Freiheit. Alsdann nur entsteht Mannigfaltigkeit in den Sitten, vollkommene und große Gewächse und neue außerordentliche Abarten. Wir sehen es in England, welche bizarre Gestalten die sich selber gelassene Natur unter den Menschen hervorbringt. Dem ohngeachtet, gibt es auch in Deutschland interessante Charaktere, ich zeichne die Schwierigkeiten nur aus und spreche dem Genie die Fähigkeit nicht ab, den leblosen Stoff zu beseelen.

Wenn jedoch auch unter uns ein dramatisches Genie aufstünde! Wo sind die Akteurs, die es nicht durch ihre Vorstellung entehren? Wie lange ist es her, daß es die Neuberin wagte, die gesunde Vernunft auf dem deutschen Theater einzuführen, daß sie zur Ehre von Deutschland sich über die Gewinnsucht emporhob und lieber ein kleines Parterre als Pöbel und Gedränge verlangte, sie, die zur Schande von Deutschland unter den Trümmern ihrer Bühne hervor zu einer Bande flüchten mußte.

Was waren unsere Schauspieler damals, und was sind sie größtenteils noch? ein Haufen Unglücklicher, die kein Trieb, kein Ruf der Natur, keine unüberwindliche Neigung, nein, Verzweiflung, die auf Ausschweifungen folgte, zueinander versammlet, die wie Aussätzige von ihren Mitbürgern abgesondert leben und so wie Thespis und sein Gefolge bei dem Anfange der Kunst auf Karren hin und her ziehen. Setzen Sie hinzu, daß es unsre Schuld ist, wenn ihre Seele noch immer niedriger, noch immer unedler wird, daß nur wenige unter uns dem Vorurteil Trotz bieten, welches ihren Umgang mit Verachtung bezeichnet. Wir begegnen ihnen härter als die Franzosen, denn sie mißhandeln sie bloß nach ihrem Tode, wir bei ihrem Leben, sie verschließen ihren Kirchhof vor ihnen, aber ihre Besuchstuben nicht; sie halten dafür, daß Orosman, der auf der Bühne ihre Bewunderung erwarb, einige Achtung im gemeinen Leben verdiene und daß Mérope, Monime und Zaïre keine schlechte Gesellschafterinnen sind.

Molière, Baron, Garrick, Quin, die Oldfields, die Champmeslé, die Le Couvreur, die Gaussin, die Clairon haben alle in der feinsten Welt ihrer Zeiten gelebt, die größten Genies der Nation waren ihre Freunde, und die Helden des Volkes kehrten von der Bahn des Sieges in ihre Gesellschaft zurück, hier überließen sie ihr Herz sanfteren Empfindungen und verschmähten es nicht, eine Blume aus der Hand einer Aktrice mit unter ihren Lorbeer zu flechten. Daher der edle Anstand, das Gefühl des Erhabenen, das die Handlung der Schauspieler belebte, die feine Nuance der Leidenschaft, in der Seele gezeugt, der wahre Ton, den ihr Herz angab und ihr Blick aussprach.

Und was soll ich von der Aufmunterung sagen, mit welcher die Freigebigkeit der Großen ihre Talente belohnte? wo ist der deutsche

Fürst, der nicht lieber fünf französische Tänzer als einen deutschen Schauspieler besoldet? Wie kann bei dieser Verachtung, bei dieser Erniedrigung der Kunst ein Genie dazu angelockt, wie kann es, wenn es sich zufälligerweise findet, entwickelt und emporgehoben werden? Sollte man nicht einem jeden angehenden Schauspieler, wie die Redekunst dem Lukian im Traume, zurufen: »Und wenn du Werke wie Phidias machtest, so wirst du doch nur ein schlechter Handwerksmann sein!« Ich habe Deutsche gesehen, die den Sturm der Leidenschaft, Wut, Rachsucht, Verzweiflung, Raserei sehr glücklich ausdrückten, vielleicht weil diese Grade selten in der Natur sind, und wir sie daher nur unvollkommen vergleichen, vielleicht auch weil uns die Situation an sich selbst so sehr rührt, daß wir bei der Lebhaftigkeit unsers Gefühls die falschen Töne nicht wahrnehmen oder weil jeder mit dem Ausdruck zufrieden ist, den er selbst der Leidenschaft geben würde, nur wenige schreien wie Philoktet oder fühlen den Schmerz wie Laokoon, und nur wenige fordern es daher von dem Akteur.

Aber die stille Größe, die heiligen Schauer erregt, die hohe Simplizität, welche die Werke des Sophokles ganz erfüllt, so wie des Phidias Jupiter seinen Tempel ganz mit dem Gotte; der edle Stolz einer über alles erhabenen Seele, den auch Corneille zuweilen erreicht, noch öfterer aber mit dem Geiste der Ritterschaft verwechselt. Hierzu ist unsern Schauspielern auch nicht ein Ton verliehen. Brutus, wie er seine Söhne durch das Gesetz, das er gab, verurteilt; Regulus, den Marter erwarten und der mit aller Stärke der Beredsamkeit den Senat widerlegt, der ihm das Leben retten will; Cornelia, wie sie ihrem Todfeinde Cäsar entdeckt, daß man ihn verrät; alles dieses sind keine Erscheinungen vor unsere Bühne, wer die Worte: »Soyons amis, Cinna nbsp;–« recht aussprechen will, muß groß genug denken, Beleidigungen zu verachten und zu vergeben.

Ich weiß nicht, wie es Riccoboni verantworten will, daß er in dem Ausdruck der Leidenschaft den Pöbel nachzuahmen rät, es muß ihm also gefallen, wenn Iphigenia, zum Opfer verdammt, sich wie eine arme Sünderin vor dem Halsgerichte gebärdet.

Wie soll es aber der Schauspieler machen, um sich zum Erhabenen, zum Großen zu bilden, das unter dem freien griechischen Himmel und in der schönsten Zeit von Rom nicht allein die Eigenschaft der Helden, sondern auch der Dichter, der Künstler und der Akteurs war! Wo ist die hohe Natur, die er nachahmen könnte?

Ich verhehle mir diese Schwierigkeiten nicht, und ich gestehe, daß ich sie größtenteils für unüberwindlich ansehe.

Nicht immer ist jedoch das Genie an seine Zeit und an sein Vaterland gefesselt, oft brach es aus der Finsternis hervor, wie eine Flamme unter den Ruinen einer verschütteten Stadt.

Die Erfindung der idealischen, das ist der höchsten Schönheit in jedem Werke des Genies ist ferne von der Nachahmung eines einzelnen Objekts in der Natur, sie schränkt sich nicht einmal auf die Geschicklichkeit ein, zerstreute und individuelle Schönheiten zu einem Ganzen zu sammlen, es gibt Geister, die es wagen dürfen, um einen Punkt über die Linie der Natur hinüberzuschreiten.

Das Ideal ist bei ihnen das Resultat einer Reihe von Empfindungen und Vorstellungen, auf welchen der Geist wie auf einer Leiter emporsteigt; auf der obersten Sprosse sieht das Genie eine neue Natur, der Schwärmer das Reich der Chimären.

Wer hat den Sänger des »Messias« in der Sprache höherer Wesen unterwiesen? Niemand sagt, Dubos hat die Musik des Plutons gehört, und in der Oper »Alkest« von Lully glaubt man sie zu hören; wurde der Apoll im Belvedere, an welchem nach Winckelmanns Ausdruck nichts von der menschlichen Dürftigkeit ist, in der Versammlung der Götter nach den Unsterblichen gebildet? Die Göttin der Liebe war dem Künstler nicht in seiner Werkstatt erschienen; aber als sie ihr Bildnis erblickte, so fragte sie, wie der Dichter versichert: »Wo hat mich Praxiteles nackend gesehen?«

Ich kehre von dieser Ausschweifung, die die Lehre der Schönheit überhaupt angeht, zum Schauspieler zurück. Sein Ideal ist lange so schwer nicht, der Dichter hat alles für ihn getan, es ist genug, wenn er von dem Geist desselben durchdrungen und von der Situation seines Helden gerührt, sein Schicksal und seine Leidenschaft mit ihm teilt, alsdenn wird er handeln, wie man es nur von dem Helden, den er vorstellet, erwartet. Der Zuschauer, durch eine Wahrscheinlichkeit hingerissen, die sich mehr auf Empfindung als auf eine historische Vergleichung gründet, wird nicht mehr den Akteur, sondern die Person selbst zu sehen glauben.

Man siehet hieraus, wie nötig es dem Schauspieler ist, nicht seine Rolle allein, sondern das ganze Stück in gewissem Verstande zu lernen, denn nur dadurch wird es ihm gelingen, sich in den Haupton seines Charakters zu setzen. Er wird sich nicht mehr mit dem Ausdruck einzelner Verse ohne Beziehung auf das Ganze begnügen, wie schlechte Musizi, die bei dem Wort Donner daherdonnern, obgleich das Lied von einem stillen Frühlingsabend handelt. Er wird es lernen, in jeder Situation einen Vortrag, wie Roscius die rechte Haltung, zu geben und auch auf nachdrückliche Stellen künstliche Schatten zu verbreiten.

Unsere Schauspieler werden sich nie der Vollkommenheit nähern, wenn man sie wie Maître Jacques zu allen Verrichtungen braucht und denn tragische, denn komische Rollen von ihnen fordert. Jedes Talent, zum höchsten Grad ausgebildet, erschöpft das ganze Vermögen der Seele, noch weniger aber vereinigt das Genie entgegengesetzte Fähigkeiten, wer wird vom Young Trinklieder begehren? oder vom Boucher, dem Maler der Grazie, das Getümmel der Schlacht,

> »– den kommenden Sieger,
> Und das bäumende Roß – –
> Und das Geschrei der tötenden Wut«?

Es ist wahr, wir haben einen Garrick gesehen, aber ein Phänomen entscheidet nichts, und dennoch, wenn er in der Rolle des Tyrannen Richards, so wie ihn Hogarth gemalt hat, mit dem schrecklichen Blick seine gequälte Seele ganz ausspricht und Entsetzen in dem Herzen der Zuschauer wirket, wer kann sich immer enthalten, an den ehrlichen Falstaff und an seinen drollichten Schrecken zu denken? Und wenn es auch Bewunderung über die Verschiedenheit des Ausdrucks wäre, kann alle Kunst des Garricks verhindern, daß durch einen Einfall von der Art die tragische Empfindung nicht geschwächt werde?

Der Anstand des Körpers, die Gebärde, ist bei dem Akteur, wie Demosthenes von der Aktion des Redners behauptet, beinahe das erste, das zweite und das dritte Stück; wenn man die rechte Stellung verfehlt, sagt Riccoboni, so mag man sich martern, wie man will, man wird nie den rechten Ton treffen. Unsere tragische Akteurs haben sich an ein falsches Theaterkostüm gewöhnt, an gewisse willkürliche Manieren, die mehr hieroglyphisch als mimisch sind. Wer wird zum Exempel den Helden des Stücks nicht erkennen, wenn der Mann auftritt mit zurückgeworfenem Kopf, der den linken Arm fest in die Hüfte stemmt und den rechten steif und lang von sich weg streckt?

Wer wird es nicht erraten, daß er auf ein wichtiges Vorhaben sinne oder daß die Entwickelung nahe ist, wenn er den Kopf langsam und tiefsinnig niederbeugt und die rechte Hand gegen das Gesicht erhebt? Sogar die Art sich umzubringen hat ihren theatralischen Wohlstand, es ist kein geringes Verdienst, einen guten Dolch zu führen.

Die Heldin des Trauerspiels unterscheidet sich gemeiniglich auf unserm Theater durch eine schluchzende, wimmernde Stimme, damit es ja der Zuschauer beizeiten erfährt, daß sie zu Unglücksfällen, vielleicht gar zum Tode verurteilt ist. Sie sollten sich an dem Beispiel der Französinnen spiegeln, deren tragisches Schluchzen so ansteckend ist, daß nur die einzige Gaussin davon befreit bleiben konnte.

Sehr selten erreichen unsere Aktricen die sanfte Traurigkeit, die Ermattung, welche auf langes Unglück folgt, und oft verwechseln sie damit eine schmachtende Miene, aus einem mit dem Schmerz ganz unverwandten Geschlechte so unglücklich wie der Maler einer entzückten Therese, welche man, des guten Namens der Heiligen wegen, mit einem Vorhang bedeckte.

Wir werden es nicht wieder erfinden, unsere Deklamation wie die Alten in Noten zu setzen, und ich bedaure aus mehr als einer Ursache den Verlust dieser Kunst nicht, warum können wir aber nicht von ihnen lernen, unsere zum Theater bestimmte Jugend frühe anzuhalten, ihre Stimme tönend und biegsam zu machen, und damit sie stark und zu einer gewissen Reinigkeit in der Höhe gebildet werde, sie erstlich im Schreien zu üben? Bei dem monotonen Silbenmaß unserer Verse wird es immer sehr schwer sein, sie natürlich zu deklamieren. Noch mehr aber verdirbt der Reim, der den Dichter und den Schauspieler martert, jenen, um ihn zu finden, diesen, um ihn wieder zu zerstören. Ich weiß überhaupt bei der Deklamation nur wenig zu erinnern. Sie ist wirklich kein Gegenstand irgendeiner

Anweisung; wenn der Akteur seine Rolle empfindet, so wird er jede Note der Leidenschaft treffen; die begeisterten Bacchantinnen, sagt Plato, schöpfen Wein aus jeder Quelle, aber er wird wieder zu Wasser, sobald die Entzückung aufhört.

Die Oldfields sprach in der Rolle der Monimia die Worte: »Ach armer Castalio!« nie ohne Tränen aus, und die ganze Versammlung weinte mit ihr.

Ehe ich meine Anmerkung über das Trauerspiel endige, muß ich noch der seltsamen Weise gedenken, dasselbe auf der Bühne mit einem lustigen Stück zu beschließen. Ich hoffe, meine Herren, sie werden es wagen, diesen unbegreiflichen Gebrauch zur Ehre des Geschmacks zu verbannen. Befürchtet man etwa, der Zuschauer möchte zu sehr gerührt worden sein? Warum verschwendeten der Dichter und der Akteur alle Macht ihrer Kunst, um Gefühle zu erregen, die man so eilfertig zu unterdrücken bemüht ist? die man aus dem Herzen herausreißt, ehe sie noch Wurzel fassen konnten? Warum bemüht man sich, Tränen abzutrocknen, die zur Ehre der Tugend und der Menschlichkeit fließen? Ist es nicht ein höchst ungereimtes Schauspiel, nun den Cäsar unter der Hand des Brutus fallen zu sehen und wenige Augenblicke drauf den Krispin, den ein lächerlicher Doktor anatomiert? Wie würde das Volk zu Athen den Possenreißer gesteiniget haben, der nach dem Demosthenes die Rednerbühne bestiegen und es versucht hätte, ihren Zorn gegen den herrschsüchtigen Philippus durch Zoten zu besänftigen!

In dem Lustspiel pflegen einige chargierte Charaktere aus den mittleren Ständen unsern Schauspielern nicht übel zu geraten, zum Beispiel der Geizige, der bürgerliche Edelmann, der eingebildete Kranke, der poetische Dorfjunker, aber die Hauptrollen der Stücke des La Chaussée, des Diderot und der Graffigny sind über ihrer Fähigkeit, sie sehen darin Glücksrittern ähnlich, die sich vor Standspersonen ausgeben.

Der deutsche Liebhaber ist besonders ein unerträgliches Geschöpfe, ich rede von demjenigen, der die Stelle des französischen Marquis vertritt und witzig, munter, windig, selbstklug, aber auch voller Welt sein soll; er ist bei uns aus dem französischen Petit maître und dem deutschen süßen Herrn gemischt, aber meistenteils so abgeschmackt und unmanierlich wie ein Schüler oder so gezwungen wie eine Drahtpuppe.

Unsere süße Herren sind zweierlei Art, ein sorgfältig geputztes, weiß gepudertes, untertäniges Geschlecht, das den Kopf nie völlig erhebt und die Augäpfel halb unterm Augenlide verbirgt, das mit einer sanften unvernehmlichen Sprache nur gebrochene Komplimente herausstammelt, wie eine Agnes errötet, weder eine Mägdchenshand noch eine Weiberfaust ungeküßt läßt und in der Gesellschaft eines jeden Frauenzimmers vor Zärtlichkeit wegschmilzt. Diese Gattung ist zu nichts zu gebrauchen, sie belustigt nirgends, weder im gemeinen Leben noch auf dem Theater.

Die andere ist dreiste, einbildisch und entscheidend, sie werden in jeder Gesellschaft die Unterhaltung auf sich nehmen, mit einer wohltätigen Miene ihre Einfälle rechts und links auswerfen, wie Schaupfennige, ihnen zu Ehren geprägt, dann dieses, dann jenes Frauenzimmer ihrer Zuneigung würdigen, mit einem Bewußtsein ihrer Gnade, wie der Sultan mit dem Schnupftuch in der Hand.

Dieser Charakter ist völlig theatralisch, nur muß ihm der Dichter den leichten und doch epigrammatischen Witz der Franzosen nicht in den Mund legen, und der Akteur muß auf die Natur aufmerksam sein, damit er nicht mehr einem schreienden Prahler als einem zuversichtlichen ähnlich werde.

Riccoboni hat bereits die witzigen Bedienten der Franzosen und ihre naseweise und vertrauliche Kammermägdchen getadelt, unsere Bedienten sollten es noch weniger sein, und unsere Kammermägdchen sind mehr von der Art der Miss Honour als der französischen Lisette.

Sanfte, natürliche deutsche Mägdchen, zur Rolle der Nanine oder der Schottländerin geschickt, haben wir auch auf unserer Bühne zuweilen gesehen, und nach meiner Empfindung waren sie oft naiver und ungezwungener als die Französinnen, die die Einfalt der Natur durch das, was sie, ich weiß nicht warum, Grazie nennen, aufputzen; eine Zierlichkeit, die in allen ihren Werken der letzte Pinselstrich des Meisters zu sein scheint, nach welcher, wie Winckelmann anmerkt, eine Venus bei ihnen den Mantel nie anders als spitzig mit den zwei vordern Fingern anfassen darf. Nur wenn in diesen Rollen die Gemütsbewegung heftiger wird, so verläßt unsere Aktricen das Urteil und die Lebensart. Sie werden schreiend, herausfahrend, ungezogen, ungefähr wie eine aufgebrachte Jungemagd. Ich muß bei dieser Gelegenheit eine Bitte aller Theaterskribenten wiederholen, mit welcher sich die Empfindung aller Zuschauer vereinigt. Ich meine, die Rollen der Jugend, der Liebe, der Zärtlichkeit nie an Personen von einem gewissen Alter zu verteilen, nichts ist unerträglicher als dieser Gebrauch, keine Vortrefflichkeit des Spiels, keine vorgefaßte Achtung gegen die vollkommenste Aktrice ersetzt diesen Übelstand. Wer würde nicht zum Lachen gereizt werden, wenn in dem »Mündel« des Fagans ein vierzigjähriges Mägdchen ihre unerhörte Neigung gegen ihren Vormund gestünde, und die Gaussin, die reizende Gaussin, war, man mag sagen, was man will, als Mutter von elf Kindern, um gelinde zu urteilen, eine wunderliche Nanine.

Ich weiß nicht, inwieweit es Ihr Plan und Ihre jetzige Verfassung erlaubt, die Versorgung des Akteurs und die Belohnung der Dichter zu bestimmen. Ein Jahrgeld vor die Invaliden der Bühne würde manchen guten Kopf zur Kunst anlocken, die jetzo die Aussicht in ein hülfloses Alter abschreckt. Es würde den Aktricen den Reiz, wenigstens den Vorwand einer notwendigen Gewinnsucht benehmen. Sie können strenge Sitten fordern, meine Herren, wenn sie den Tugendhaften Brot geben.

Die Einkünfte der zweiten Vorstellung scheinen mir eine verhältnismäßige Belohnung vor den Theaterskribenten zu sein. Das Publikum hat alsdann schon geurteilt und kann dankbar oder gerecht mit ihm verfahren.

Ich zweifele nicht, Sie werden auch das Äußerliche der Bühne, die Dekorationen, die Kleidung, ihrer Aufmerksamkeit würdigen, ohne daß ich wie Voltaire, der wie ein abgelebter Maler nachgerade reich, buntfarbig und kalt wird, einen außerordentlichen Pomp oder beständige Veränderungen der Szene begehre, so ist doch gemeiniglich unser Theater zu gewissen großen Vorstellungen des Trauerspiels nicht räumig und nicht prächtig genug, aber ich darf nicht zu viel von Privatpersonen fordern, und ich muß einen Teil meiner Wünsche bis auf den unabzusehenden Zeitpunkt versparen, da es vielleicht einem Fürsten einfällt, die Hälfte seiner Opernunkosten einer vaterländischen Bühne zuzuwenden.

Sie werden Ihren gegenwärtigen Endzweck erreichen, wenn Sie Maler finden und ermuntern, die die Regeln der Perspektiv, ohne welche das Auge nie getäuscht werden kann, genau beobachten, die die Wirkung der Beleuchtung verstehn und keine Taggemälde machen, die bei Lichte grau und unkräftig werden, die das Geheimnis der Haltung besitzen, ihre helle und dunkle Partien in große kontrastierende Massen verteilen und ihre Lichter nicht wie Schneeflocken über das ganze Gemälde ausstreuen; die den Ort zu nutzen wissen, nicht zu viel in einen engen Raum zusammendrängen und in der Vorstellung der Natur, in Wäldern, Landgegenden usw. ihre schöne Unordnung nachahmen und alles Symmetrische sorgfältig vermeiden.

In Ansehung der Kleidung bin ich nicht so leicht zu befriedigen; Ihnen, meine Herren, ist vielleicht die Ehre vorbehalten, die gesunde Vernunft gegen das ganze Europa zu schützen, die man hierin auf das äußerste mißhandelt.

Römische und griechische Helden, geschminkt, mit Perücken und dem unbegreiflich lächerlichen Reifrock, sind viel ärger travestiert als die Helden des Virgils im Stile des Scarrons. Der einzige noch übrige Horace kömmt aus dem blutigsten Zweikampf mit gekräuselten und gepuderten Haaren noch zierlicher als vom Balle zurück. Cornelia will die Asche des Pompejus durch das ganze Kriegsheer von Glied zu Glied in einer Hofrobe tragen: Ein Unsinn, dessen Dauer man nur durch die Macht der langen Gewohnheit über die Menschen zu erklären fähig ist. Und wenn noch die Kleidung der Alten unangenehm wäre, wenn ihr das Prächtige mangelte, welches man auf dem Theater begehrt! Aber sie ist in ihrer Einfalt weit schöner als unsere beladene Modegestalten: Die Männer trugen ein Unterkleid mit Ärmel von willkürlicher Farbe, dem Unterkleid der heutigen Morgenländer ähnlich, über dasselbe eine Togam oder Mantel, unter dem einen Arm hergezogen und über die Achsel frei und natürlich geworfen; oft wurde solches mit einem Saum von Purpur geziert und über der Hüfte festgegürtet. Sie trugen auch Hüte, beinahe wie die unsrigen, nur daß die Krempen entweder nicht oder nur auf zwei Seiten los aufgeheftet waren, der Hut wurde mit einem Band unter dem Kinn festgebunden.

Im Kriege war ihre Rüstung oft reich und schimmernd, jedoch edel in ihrer Pracht; der Panzer, das Schild, die Beinrüstung glänzten, und fürchterlich winkte der Haarbusch auf dem Helme des Hektors, der den kleinen Astyanax erschreckte.

Ihre Frauenzimmertracht entdeckte mit Anstand die wahren Verhältnisse des Körpers, es war noch nicht Mode geworden, der Natur nachzuhelfen und ihre Formen zu verunstalten. Das Haar der griechischen und römischen Mägdchen war oben auf dem Kopf in einem Knauf zusammengebunden, wodurch zuweilen eine Nadel gesteckt war, ihr Unterkleid war Leinen, und ihr oft seidenes und am Rande gesticktes Oberkleid, mit oder ohne Ärmel, ging bis auf die Füße herunter, es war unter dem Busen gegürtet, und ein leichter Mantel wallte nachlässig um das schlanke Mägdchen herum.

Auch in der Tracht unserer Vorfahren, so wie sie Tacitus beschreibt, dürfen unsere Schauspieler nicht erröten, auf der Bühne zu erscheinen. Ihr Kleid war dem Körper angepaßt und verbarg den merklichen Umriß ihrer starken Gestalt nicht, um die Schultern hingen Felle von Tieren mit Pelzwerk aus fernen Ländern geziert. Im Kriege schwung der Deutsche mit mächtiger Faust seine kurze Lanze, zum Werfen und zum Streiten in der Nähe geschickt. Mit der Furcht unbekannt, trug er seinen Schild weniger zur Sicherheit als zur Zierde, mit hellen und blendenden Farben bemalt.

Ihre Frauen und ihre Töchter waren beinahe wie die Männer gekleidet, nur war ihr Gewand oft mit Purpur verbrämt, und der nervichte Arm und die volle Brust war bloß. Ich frage unsere Mägdchen, ob sie es nicht unternehmen, in dieser Tracht zu gefallen.

Ich fordere Sie auf, meine Herren, unserer Nation das Verdienst zu erwerben, ein genaues Kostüm auf dem Theater einzuführen und auch in der Kleidung dem Charakter und der Geschichte zu folgen.

Kleopatra mag sich zum freiwilligen Tode mit aller Kunst einer Buhlerin schmücken; der weibische Antonius sei auch an dem großen entscheidenden Tage noch geputzt, aber Cato, bereit, sich unter dem Schutt der Republik zu begraben, der einzige noch übrige Römer muß nicht, mit Flittergolde behängt, zu sterben beschließen. Hermann, unter den Waffen erzogen, komme vom Siege zurück, mit losen fliegenden Haaren, wie ein Fürst der Deutschen, nicht wie ein persischer Satrape; nach dem Bilde in der vortrefflichen Ode unsers Dichters:

> »– mit Schweiß, mit Römerblute,
> Mit dem Staube der Schlacht bedeckt.«

Hier haben Sie meine Einfälle über das deutsche Theater. Bei der ersten Einrichtung einer Republik, wenn man beschäftiget ist, ihr eine Form und Gesetze zu geben, hat jeder Bürger seine Stimme. Ich lebe ferne von Ihnen außer Deutschland und schreibe an Sie, wie der gemütskranke Weltweise vom Berge herunter an seine Landsleute schrieb, zufrieden, wenn mein Brief auch nur eine Gärung erregt und auf die Gebrechen, die ich tadle, aufmerksam macht.

Mein Trauerspiel lege ich vor Ihre Türe wie vor ein Fündelhaus nieder, unbekümmert über sein Schicksal, das ich Ihnen überlasse.

Die Katastrophe desselben ist der in dem Roman der Mandeville ähnlich, aber auch weiter nichts, denn ich habe weder den Dialog noch die Charaktere geborgt. Wenn man die komische Wildheit des Kapitäns mißbilligt, so ersuche ich, meine Gründe zu erwägen.

Der Verfasser der Literaturmerkwürdigkeiten hat bereits richtig angemerkt, wie fehlerhaft es sei, die Trauerspiele aller Zeiten und Völker nach griechischen Mustern zu beurteilen und Begriffe, die wir von ihrer Ausführung abziehen, als ewige Gesetze zu verehren.

Der Endzweck der Alten im Trauerspiel war, eine tragische Begebenheit in ihrem rührendsten Lichte zu zeigen und durch das Ganze, nicht durch das Kolorit des Details denn zu bewegen, denn zu schreiben. Ihre Stücke sind daher voll von vortrefflichen Situationen, von großen Sentiments und von der ihnen eigenen hohen unnachahmlichen Einfalt, aber sie sind beinahe ohne Kontrast und ganz ohne Charaktere, die Helden wurden nach einem bestimmten Ideal wie ihre Götter gebildet; Homer hatte die Außenlinien der meisten entworfen, und kein nachfolgender Dichter war so kühn, an dem ehrwürdigen Riß nur einen Zug zu verändern.

Ich tadle diese Weise auch in unsern Trauerspielen nicht, sobald wir entweder ähnliche oder nur so allgemein bekannte Sujets abhandeln, daß es ein fruchtloses Unternehmen sein würde, Kostüme oder Charaktere zu beobachten.

Ganz anders verhält es sich aber mit Vorfällen aus der aufgeklärten Geschichte, und noch bestimmter muß der Verfasser eines aus dem gemeinen Leben genommenen bürgerlichen Trauerspiels verfahren, denn er soll nicht allein rühren, sondern auch malen.

In das Unglück einer zerrütteten Familie kann oft ein drollichter Charakter mit eingeflochten sein, der auch in den traurigsten Auftritten sein komisches Gepräge behält.

So ist es in der Natur, wird man sagen, aber was nötigt den Dichter, dieselbe, so wie er sie findet, zu nehmen? Wird der komische Charakter das tragische Interesse nicht entkräften? Wird er die Folge der Empfindungen nicht unterbrechen?

Ich antworte, sein Dasein ist verwerflich, sobald er dem Gang der tragischen Handlung nicht vorteilhaft ist, sobald er nur episodisch seine Lücke ausfüllt; er darf nie durch das ganze Stück mit einem traurigen Charakter kontrastiert, noch weniger aber in komische Situationen versetzt werden.

Wie aber, wenn ein Teil des tragischen Interesse gerade in der Natur eines solchen Charakters gegründet werden kann? wenn durch ihn das Unglück einer bedrängten Person um einige Grade erhöhet wird? wenn ein solcher drollichter Bösewicht in der Mitte einer elenden Familie, wenn der Schauspieler und der Zuschauer weinen, allein der Menschlichkeit trotzt und lacht? Ist irgendeinem fühlenden Leser die Laune lustig vorgekommen, mit welcher Lovelace von seinen entsetzlichen Entwürfen redet?

Ich lasse mich auf den Vorwurf nicht ein, daß ich das Wesen des Trauerspiels und die Regeln der größten Meister beleidige. Eine Träne in dem Auge eines empfindlichen Mägdchens, in dem Augenblick, da der wilde Kapitän über das Leiden der Julie mit Einfällen spottet, wird den Kunstrichter widerlegen und den Verfasser rechtfertigen.

[An Lessing]

Bernstorff, den 23. September 1767

Wenn Ihnen mein kühnes Urteil über den »Phädon« mißfällt, so glauben Sie darum nicht, daß ich das Vortreffliche darinne verkenne, Moses ist einer unter den wenigen, welchen es gelingt, tiefe

Weisheit mit der Sprache der Empfindung zu lehren und die Hohl-
wege der Metaphysik mit Blumen zu bestreuen; indem ich die Manier des Sokrates vermisse, so lasse ich der seinigen Gerechtigkeit
widerfahren.

Aber Ihr »Laokoon« ist ein meisterhaftes Werk, setzen Sie nur
immer ?ðïéçóå drauf, oder die Nachwelt wird es tun. Man kann
nicht schöner über die Kunst vernünfteln; Sie sind tief in das Heilig-
tum gedrungen, und das ferne von den Werken der Kunst, bloß
durch ein richtiges Gefühl, durch ein mit Gelehrsamkeit genährtes
Urteil und den Ihnen eigenen Forsch-Geist, welcher Sie auf allen
Ihren Spaziergängen im Reiche der Wissenschaften begleitet. Was
würden Sie nicht leisten, wenn Sie in dem Palazzo Albani mit
Winckelmann lebten?

So sehr man es Ihnen verdanken muß, daß Sie auf dem streitigen
Gebiete der Poesie und Malerei Grenzsteine gesetzt haben, so dünkt
mich doch, der von Ihnen bestrittene Irrtum war mehr dem Kunstrichter als dem Künstler und dem Dichter schädlich, denn jener
kann nur wenig von dem Reichtum seines Nachbarn nutzen, und
dieser hat bei seinem Überfluß keine Almosen nötig. Indessen war
es gut, den Dichter zu erinnern, daß er dem größten Vorteil seiner
Kunst entsagt, wenn er die Manier des Homer verläßt, bloß körperliche Schönheit, nicht ihre Wirkungen schildert und seine Gemälde
nicht durch Handlung belebt.

Bei einzelnen Stellen sind mir zuweilen Zweifel, zuweilen Anmerkungen eingefallen, die ich nach der Ordnung niederschreiben
will.

p. 23: *Aber wie schon gesagt usw.*

Die höchste Schönheit sollte freilich der Hauptvorwurf des
Künstlers sein, auch ohne daß es ihm ein Gesetz gäbe, aber wenn
er der einzige wäre, so müßten wir eine Menge großer Kompositio-
nen entbehren, wo starke Leidenschaften, dem Tod nahe Alten oder
Kranke vorkommen müssen, denn gewisse Gemütsbewegungen,
auch im gemilderten Grad, entstellen die Schönheit, der Schröcken
zum Exempel, das Alter und die Krankheit zerstört sie, man soll
diese Gegenstände nicht malen. Indessen ist der »Sterbende Ger-
manicus« vom Poussin ein vortreffliches Stück, und ich empfinde so

viel bei dem »Testament des Eudamidas« (dessen Lukian erwähnt) von dem nämlichen Meister, daß ich es nicht gern vermißte.

Auch große Künstler unter den Alten malten nicht immer die Schönheit, Aristides von Theben zum Exempel »pinxit proelium cum Persis, centum homines in tabula complexus« (Plin. XXXV, XXXVI, 19). Hier waren vermutlich Getötete, Verwundete, Sterbende und mehr als ein fürchterlich Gesicht.

»Pinxit et aegrum *sine fine laudatum*« (Plinius, ib.).

Ferner, so ist die Schönheit so weitläuftig in der Natur verstreut, daß sie der Künstler in einer Menge Formen aufsuchen muß, ehe er sein Ideal zusammensetzen kann; man entkleidet auf jeder Akademie wohl zwanzig Menschen, ehe man ein wohlgewachsenes Modell antrifft, und schöne weibliche Gestalten sind noch seltner, der Künstler muß also lange nach unvollkommenen Formen arbeiten; soll er alle diese Früchte seines Fleißes vertilgen? Wie machten es die Griechen? Ihre Natur war schöner, auch ihr Porträt erhub sich zuweilen zur höchsten Schönheit, zum Ideal einer Göttin, wenn es wahr ist, daß die Venus Anadyomene die Geliebte des Apelles, Pancaspe, war.

p. 25: *Ferner erhält dieser einzige Augenblick durch die Kunst eine längere Dauer.*

Sie haben ein glückliches Exempel gewählt, denn La Mettrie grinset schon beim ersten Anblick, aber schränken Sie die Kunst nicht auf leblose, unbewegliche Figuren ein? Manche Bewegung irgendeines Gliedes, manche Miene ist ebenso transitorisch als das Lachen. Sie wollen dem Künstler irgendwo in Ihrem Buche sogar den Reiz nehmen, die Schönheit in Bewegung. Sie glauben, daß der Künstler eine Grimace draus macht, die Venus ?άὸéôâ des Apelles und die Mediceische Venus widerlegt Sie.

Die Bewegung des Schnellelaufens ist sehr transitorisch, und doch gehört »Hoplites in certamine ita decurrens ut sudare videatur« unter die nobilissimas picturas des Parrhasius (Plinius, 35/36,5).

»Aristides pinxit et currentes quadrigas.« (Plinius, ib.)

p. 95: »*Tibi cum sine cornibus adstas*
Virgineum caput est«,

sagt wohl nichts mehr und nichts weniger, als daß der Gott sich auch zuweilen ohne Hörner gezeigt habe, aber nicht, daß die Hörner ein bloßer Hauptschmuck gewesen sind, was der Kopf zu Berlin dafür beweist, das beweist wohl der Bacchus im Mediceischen Garten darwider, wenigstens so lange, bis es ausgemacht ist, daß er ein Satyr sei.

p. 124: *Es gibt sogar Fälle usw.*

Es dürfte wohl nie einem Künstler gelingen, eine Landschaft im eigentlichen Verstande *nach* dem Thomson zu malen, ebensowenig als eine Pflanze nach dem Linné oder ein Tier nach der Beschreibung des Buffons. Die Schilderung des Dichters kann seiner Einbildungskraft wohl zum Leitfaden dienen, sie kann ihn reicher zusammensetzen lehren, aber er malt dem ohngeachtet mit dem Thomson in der Hand nichts, als was er wirklich gesehen hat, Gärten in Italien und Wüsten in der Tartarei.

p. 125. Ich nenne es nicht allein weise Enthaltsamkeit, sondern das erste Gesetz des Künstlers, dem Verdienst der Erfindung zu entsagen und bekannte, sehr bekannte Vorwürfe zu wählen. Er sei der Erfinder der glücklichsten Fabel, die unter der Feder des Dichters ein vortreffliches Trauerspiel geworden wäre, er wähle den rührendsten Augenblick, wer kann es erraten, was er will? welcher Vater, Mutter oder Tochter ist, und warum sie leiden? Der Zuschauer ist in dem Fall eines Fremden, welchen man in dem Augenblick, da Ödipus sich auf der Erde windet, vor die Bühne brächte und so wieder wegführte. Die Gemäldenfolge des Hogarths erweitert die Grenzen der Kunst, aber welche Erklärungen sind dem ohngeachtet nicht nötig?

Die dichterische Erfindung der Malerei ist also freilich nichts weiter als die Weisheit in der Wahl des Augenblicks, die Anordnung und der Ausdruck.

p. 178: *Ich will in dieser Absicht nicht anführen usw.*

Wenn mehr als ein Augenblick auf einem Gemälde merklich wäre, so könnte solches meiner Meinung nach durch nichts, durch keine Feinheiten in der Anordnung entschuldigt werden, denn es ist ein Fehler und gegen die Wahrheit. Ich kann auch in der Stelle aus dem Mengs nicht finden, daß Raffael zwei Augenblicke gemalt hätte. Wenn ein weitbekleidetes Glied langsam eine andre Richtung annimmt, so ist es nach Beschaffenheit des Zeuges weniger oder mehr natürlich, daß bei der neuen Stellung noch einige durch die vorhergehende Richtung verursachte Falten übrigbleiben, diese Überbleibsel der vorigen Faltenordnung malte Raffael, und man erriet die Bewegung des Gliedes, er malte nur den jetzigen Augenblick und die in solchem noch übrige sichtbare Falten des vorigen.

Lassen Sie eine weitbekleidete Figur sich bewegen, indem der fortschreitende Fuß das Gewand verläßt, so vergeht ein Zeitraum, ehe dieses dem Fuß wieder folgt und sich anschmiegt. In diesem Zeitraum gibt es einen Augenblick, wo der Eindruck des Fußes aus dem zurückgebliebenen Gewand noch merklich ist, kann der Künstler diesen Augenblick nicht wählen?

Es ist wahr, leichte leinene und wollene Zeuge entfalten sich schnell, bei seidenen dauern die Brüche länger, und oft werden grobe und steifere Zeuge mit Vorsatz gewählt, wenn man gewisse Massen nötig hat, denn sie brechen sich in große Partien.

p. 226. Nur wenn der Künstler mit dem Dichter in einer Natur lebt, kann das Lesen seiner Einbildungskraft einen vorteilhaften Schwung geben. Aber setzen Sie den Maler nur unter große vollkommene Formen mit dem Gefühl der Schönheit, eine Gabe des Himmels, so wird er den Homer und alle Dichter entbehren. Er gibt ihm zwar oft das Sujet und eine Idee der Zusammensetzung, aber diesen Dienst kann ihm ein Chronikenschreiber leisten. Sein erster Gedanke, wenn er die Verse des Homer liest, welche Zeuxis unter seine Helena setzte, ist dieser: wo findet sich die Schönheit, die den Ausspruch der Alten verdient? Er schweift hierauf in seiner Einbildungskraft von einer weiblichen Gestalt zur andern, setzt ein Ideal zusammen und malt eine Samojedin, wenn er nie Siberien verließ. Phidias war daher ein wenig zu bescheiden, wenn er das göttliche Antlitz seines Jupiters vom Homer gelernt haben will, denn den Ausdruck der Augenbrauen konnte er wie andere an jedem Zornigen gesehen haben.

Sie wagen es endlich, den »Laokoon« vor ein neueres Werk auszugeben, das mögen Sie mit Winckelmann ausmachen. Ich kann nicht einsehen, daß Plinius in der angeführten Stelle von Zeitverwandten redet, und »similiter« geht wohl gewiß nur auf den Umstand der gemeinschaftlichen Arbeit, denn hiervon ist hauptsächlich die Rede, warum nennt er die andern gemeinschaftlichen Künstler nicht? warum soll er sie just alle nennen?

Es ist freilich unbegreiflich, daß in altern Skribenten nichts von diesem Werke vorkommt, aber halten Sie es nbsp;...

Fragment über die Schönheit

Gibt's eine wesentliche Schönheit? – »Fragt die Kröte«, sagt Voltaire, »was schön ist, oder den Teufel oder einen Mann von Guinea; alle unterrichten euch sehr bestimmt; denn sie haben ihr ôï ?áëïö. Fragt den Philosophen; dieser allein wird euch durch ein Galimathias antworten.« Es ist wahr, die aufgeklärtesten Köpfe haben vergeblich nach einem deutlichen Begriff der wesentlichen Schönheit gerungen, und ihre schwankende Meinung ist oft witziger als gründlich in tönende Worte gekleidet. Homer allein, der es immer darauf anlegt, sich in seinen Urteilen selbst zu verstehn, wagt den unmöglichen Begriff nicht, sondern geht von einem richtigen Gefühl aus, das uns jedoch, wie alle Gefühle, wieder in die Verlegenheit setzt, unter den vielartigen Gefühlen zu wählen. Wenn alles schön ist, was einem wohlorganisierten Beobachter gefällt, warum fliegt das Schnupftuch auch unter Männern von Geschmack oft nach den Roxelanen? und warum sucht der gute Künstler seine Modelle unter den Elmiren?

Übereinstimmung der Teile kann darum nicht Schönheit sein, weil die Frage übrigbleibt, welche Proportion unter so viel vorhandenen Proportionen die schönste sei. Die Teile eines Kamtschadalen stimmen so gut als die Teile des Antinous überein, und überhaupt ist Proportion nichts weiter als Maß. Man kann alle Verhältnisse des Polyklets beobachten und jede Figur in ihre richtige Kopflängen teilen, ohne daß sie dadurch zu einer schönen Gestalt wird.

>»It is not measure but manner, that creates
The beauty, which belongs to the shape.«

Burke

Noch weniger ist Schicklichkeit (Aptitudo), vollkommene Brauchbarkeit jedes Teils zu seiner Absicht, Schönheit. Polyphems Aug ist so gut als Apolls Auge zum Sehen geschickt; ein häßlicher Mund kann oft vernehmlicher sprechen als ein zierlicher; und weder das Stachelschwein noch die Fledermaus sind schön, so zweckmäßig auch ihre Teile gebildet sind.

Hogarths Linie ist scharfsinniger als unterrichtend und nicht fruchtbar genug. Sie findet sich zwar immer bei der Schönheit, aber sie kann auch ohne Schönheit gedacht werden, in einzelen Teilen eines unförmlichen Ganzen; und immer bleibt die Frage übrig: warum ist diese Linie schön?

Nach Burkes Grundsätzen, die, im Vorbeigehen gesagt, mehr ein Spiel seines Witzes als sein Ernst[57] sind, war Bebe, der Zwerg des Königs Stanislaus, die schönste menschliche Gestalt, und der Kolibri, den Menschen nicht ausgenommen, das schönste Geschöpf in der Natur.

Allerdings gibt es für die Menschengestalt einen Maßstab der Schönheit; er ist aber nicht wie die Tugend durch eine Offenbarung bestätigt, nicht wenig prädestinierten Kennern eingeschaffen, nicht vom Himmel, sondern aus Griechenland geholt, wo die Natur in einem gemäßigten Erdstrich, wie Winckelmann sagt, nicht mit ihren äußersten Enden kämpft, keine Formen überzeitigt: und keine unreif lassen muß; und würklich gelingt jedes ihrer Produkte nur in einer Zone höchst vollkommen, also wohl die Menschengattung auch. Wir Deutschen kannten den Maßstab noch nicht, als wir unsre Irmensäulen, unsre Rolande auftürmten; und die Barbaren, welche auf dem Bogen Konstantins griechische Überbleibsel der Kunst mit ihren Ungeheuern paareten, haben ihn aus Dummheit verachtet. Als aber die Vernunft: aus den Ruinen der Möncherei wieder aufstieg, veredelten sich auch Empfindung und Urteil, und wir fingen an, den Geschmack des Perikles dem Geschmack der Chilperiche und der Dagoberte vorzuziehen.

Unsre höchste Schönheit hat also mit der Göttin der Liebe ein gemeinschaftlich Vaterland; erleuchtete Völker haben ihr gehuldigt, aber noch ist sie nicht durch die Mehrheit der Stimmen anerkannt.

Die Griechen waren ein Völkchen, und der aufgeklärte Teil von Europa ist es noch, gegen die Millionen, welche den Stumpfnasen,

---

[57] Burke, der sich oft damit belustigt, Paradoxen mit Sophisterei zu verteidigen, würde sehr darüber lachen, wenn er hörte, daß man es zuweilen recht ernsthaft mit seinem System in Deutschland nimmt. Softness, smoothness und smallness sind ihm die einzigen Grundbegriffe der Schönheit. Es ist deutlich, daß er Niedlichkeit mit Schönheit verwechselt.

den kleinen, schiefen, eingesenkten Augen, den großen Ohren und den gemästeten Weibern hold sind.

Aber haben die Griechen das Ziel schon erreicht? Ist ihr Apoll das höchste Ideal der jugendlichen Götterschönheit? Wird es nie einem Künstler gelingen, den eine heilige Begeisterung erleuchtet, den Messias noch erhabener zu bilden? Verlangt Klopstock zuviel, wenn er uns auffordert, wir sollten die Götter der Griechen übertreffen und uns den großen Empfindungen der Religion überlassen, um des Menschen Sohn würdig vorzustellen? Ein solcher Gedanke war dem Dichter erlaubt, der die Griechen unstreitig in seinen Bildern zurückläßt; aber er fordert den Künstler über seine Grenzen heraus. Der Dichter schwingt sich auf Höhen empor, wohin ihm der Künstler nicht nachfliegen kann. Jener kann uns für das Wesen, welches erscheinen soll, stufenweise zu hohen Empfindungen stimmen; er kann es nicht allein fortschreitend handeln, er kann es reden lassen und selbst mitsprechen; sondern er stellt auch Eigenschaften und Vortrefflichkeiten dar, die ganz außer dem Gebiet der bildenden Kunst sind. Diese Folge vereinigter Empfindungen wächst endlich zum Totaleindruck eines hohen Ideals, das unsre ganze Seele, wie Jupiter seinen Tempel, füllt, aber ohne ein deutliches Bild; wir können die Erscheinung nicht haschen; sie zerfließt in ihrem eigenen Lichte:

»Poi nel profondo de suoi raggi si chiuse e sparve.«

Tasso

Was uns in den Gesängen des »Messias« für den Gottmensch mit heiliger Bewunderung einnimmt, ist keine Größe, die gemalt werden kann; denn was findet der Künstler in dem Stoff seiner Schöpfung, um den Dichter zu erreichen? er, der nur *eine* Sentenz sagen, nur *einen* Augenblick darstellen kann? Kann er durch irgend etwas des Menschen Sohn würdig charakterisieren als durch die edelste Menschengestalt? Wie kann er sie hervorrufen, wenn das Bild nicht in seiner Seele lebte? Und wie entstand es in seiner Seele, wenn er es nicht, entweder ganz oder teilweise lebendig, gemalt oder in Marmor, mit leiblichen Augen gesehen hatte?

Zwar begünstigen auch die Alten den Glauben an ein bloß geistiges überirdisches Ideal.

Das Schönste, was geschildert werden kann, ist gleichsam ein Bild von einem Gesichte; es kann nicht gesehen werden, sondern es schwebt nur in der Einbildung.[58]

Als Phidias den Jupiter formte, arbeitete er nach keinem Muster, sondern nach dem Bilde, das ihm aus dem Homer von dem Jupiter vorschwebte.[59]

Phidias entwarf sich in seiner Einbildung das Bild der Götter.[60]

Die Phantasie ist ein klügerer Künstler als die Nachahmung.[61]

Selbst Raffael bestätigt ihre Meinung in einem Briefe an den Grafen Castiglione, wo von seiner Galathee die Rede ist: »Essendo carestia di belle Donne, io mi servo di certa idea, chi mi viene alla mente.«[62] Hier kommt sie freilich, die Idee, wie die Nymphe Egeria, und erleuchtet ihren Vertrauten. Aber Redner, Kenner und Künstler sind nicht immer strenge Philosophen, und der Graf durfte sich die Frage erlauben, wie eine solche Idee wohl in Raffaels Seele hineingekommen sei. Ein sinnlicher Gegenstand nicht durch die Sinne? Eine Gestalt für das Gesicht nicht durch die Augen? Allerdings dadurch. Die geistige Galathee ist noch vorhanden, und ein Alltagsgesicht.

Begeistre dich, junger Künstler, durch die hohen Gesänge des »Messias«, werde, wenn es möglich ist, seines ganzen Dichterfeuers voll, denn es erzeuget dir hohe Wünsche; aber nichts von dem, was dich so mächtig durchströmte, artet in deiner Vorstellungskraft zu irgendeinem vollkommenern Auge, einer schönern Nase, einer feineren Stirne; du wirst ringen nach edler Gestalt, nach Hoheit im Ausdruck; du wirst alle deine Versuche verwerfen und doch nichts Bessers als die Phidiasse hervorbringen, wenn dir nicht angenehmere Erscheinungen verliehen sind.

---

[58] Cicero, »De perf. oratore«.

[59] Proklus in Platons »Timon«.

[60] Seneca, »Controversae«.

[61] Philostratus.

[62] »Mémoires pour servir à la vie de Petrarque«.

Setzen Sie, Pu Qua, ein chinesischer Maler, wäre ein Christ; er hätte den »Messias« mit Rührung gelesen und sich ganz in die Empfindung des Dichters hineingedacht; seine Michaele und Raffaele würden immer Chinesen ähnlich sein, mit Katzenaugen und großen Ohren. – Vater Attiret malte im Palaste zu Peking Weiberfiguren nach Boucher; aber der Kaiser, ein Herr von Einsicht und Geschmack, fand sie abscheulich und ließ sie durch einen Chineser nationalisieren.

Es ist eine richtige Anmerkung des Vasari: hätte Albrecht Dürer jenseits der Alpen gelebt, er hätte so gut als Raffael gemalt. Nun aber, da er in Nürnberg blieb, wurden auch seine Gestalten dürftig und kalt. Wie zeichnen sich Poussins und Bouchardons Gestalten, die beide lang in Italien lebten, unter den Formen ihrer Landsleute aus! Rubens, mit dem feurigsten, erhabensten Genie, konnte sich nicht über flamländische Formen erheben; er sah Rom zu spät und gestand es selbst in einem seiner Briefe; ja er klagt, an einem andern Ort, in seinem Verdruß die Natur und die Kunst seiner Zeit an: »Nam quid in hoc erroneo saeculo degeneres possumus!« (beim »De Piles«). Dahingegen war Raffael unter den Überbleibseln der griechischen Schönheit erzogen, und das Resultat seiner Beobachtung war das Ideal, wovon er spricht. Aber fragt man: Waren die Formen der griechischen Künstler nicht schöner als selbst die griechische Natur? Allerdings schöner als eine individuelle Gestalt. Wenn Phryne oder Kampaspe zur Venus Anadyomene saß, so wählte doch Apell nur die edelsten Züge der Mädchen und vereinigte sie mit andern, die ihm sein Gedächtnis wiedergab. Die schönste Göttin hatte nie unter den Sterblichen gewandelt, sondern sie war ein Geschöpf des Künstlers, der sie rief aus dem Ozean der Natur.

»Si Venerem Cous nunquam pinxisset Apelles,
Mersa sub aequoreis illa lateret aquis.«

Ovid

Die Fähigkeit zu finden, was in jeder Form vortrefflich und fehlerhaft ist, das letzte zu verwerfen, das erste zu wählen, sich (wie es niemand besser als Reynolds ausdrückt) über Eigentümlichkeit, Lokalität und Zufälligkeit zu erheben, mit einem Worte, nur die

Art, keine besondere Gattung zu malen, das ist hohes Künstlergenie. Insofern also die griechische Natur überhaupt die Natur unter einem rauhern Himmel übertrifft, insofern wird auch ein griechischer Phidias immer einen niederländischen Phidias übertreffen, wären sie auch gleich mit einerlei Fähigkeit geboren. Wer aber unter den schönsten griechischen Statuen noch wählen, noch aus solchen ein Ideal zusammensetzen könnte, der würde mehr als Phidias sein.

Wir sind nicht auf dem Wege zu dieser Veredlung; denn wohin sich der Forscher der Schönheit wendet, findet er Abart der griechischen Kunst.

Es war eine Zeit, wo man die Formen übertrieb, wo Härte für Ausdruck, Krampf für Bewegung und Athletenkraft für edle Festigkeit galt, »firmosque per artus inclusa maiestas«. Michelangelo ist nicht frei von diesem Fehler; Giulio Romano hat so den Raffael übersetzt, und Bernini war der Held dieses Stils; aber doch hielt der Mißbrauch gute Verhältnisse fest, anstatt daß alles itzt in verblasenen Umrissen schwankt. In unserer rosenfarbenen, jungfräulichen Zeit sind wir fern, den Menschen zum Halbgott zu erheben, wir verniedlichen ihn lieber herab; unsere Venus liebäugelt wie eine Theaterkokette, und unsre Hebe hat ihr Lächeln vor dem Spiegel geübt. Seele sollte freilich jedes Kunstwerk atmen, aber nicht die wollüstige, manierte Heroidenseele, die aus unsern jugendlichen Köpfen schmachtet und welche die Entzückung der heiligen Therese eines französischen Meisters so zweideutig macht. Wollt ihr empfinden, wie edle Einfalt und Wahrheit den neuen Flittergeschmack demütigt, so weilt im Zimmer des Palastes von Luxembourg, wo die Raffael und Correggio hangen; tretet dann ins Gemach der französischen Schule, ob ihr nicht taumelt bei der Feerei des Aufzugs, ob ihr nicht aus der besten Gesellschaft unter Gecken, aus der Welt in die Opernwelt kommt?

Ich kenne nur zwei Maler – und einer ist ein Deutscher nbsp;–, die noch Strahlen auffingen aus der Abendröte der hohen Kunst, ehe sie ganz unsern Gesichtskreis verließ.

[Ergänzungen zum Fragmente über die Schönheit]

Nichts bezeichnet das Genie deutlicher als die unüberwindliche Tendenz nach dem Schönen, wo sie es trifft. Was Ben Jonson in seinem Play »Every Man in His Humour« vom Humor sagt, paßt mit mehr Richtigkeit auf das Genie. So sah Vernet mitten im Sturm, wo die Schiffleute zagten, nichts als den schönen Gegenstand eines Gemäldes, sah mit freudigen Mienen in die Schlünde des Meeres und rief in einer Art von Entzückung aus: »Ah, que cela est beau!« So hörte der junge Mozart in allen Tönen Akkorde und gab sie an usw.; so sieht der geborne Maler in der ganzen Natur nichts als Gemälde, er ordnet das Schöne, so wie er sieht, im Geiste auf der Leinwand und erniedrigt da einen Berg, erhöht dort einen Hügel, haut hier einen Wald ab, der ihm die Aussicht verdarb, führt jenen Fluß an und über ein Felsenstück, damit er malerisch ins Tal fallen könne, so bestimmt er sein Mädchen zum Bilde der Cythere, so findet er den wilden Sohn des Peleus oft fix und fertig hinter dem Pflug.

Schönheit ist nur in dem Geiste dessen, der betrachtet und fühlet; ein jeder einzelne Geist empfindet andere Schönheit, so entdeckt dieser Häßlichkeit, wo jener Schönheit bewundert, und jeder sollte sich bei dem Zeugnis seiner Empfindung beruhigen, ohne die Empfindung anderer meistern zu wollen; eigentliche, absolute Schönheit zu suchen ist ein fruchtloses Beginnen, ebenso fruchtlos als aufzusuchen, was absolut gut oder übel schmeckt.

Der Mangel an Kennern und folglich an Liebhabern ist die Hauptursache, warum die Kunst bei uns so langsame Schritte macht, und niemand kann eigentlich Kenner sein, der nicht innige Wissenschaft von dem Mechanischen der Kunst hat. Es ist betrübend, in einem Kabinett die Urteile zu hören, welche über die Kunstwerke der großen Meister gefällt werden; hier erhebt einer in dem »Sturm« von Vernet den wohlgemachten Mast und das schön ausgespannte Segel und ist unempfindlich bei der Empfängnis des ganzen Werkes. Dort bleibt ein anderer bei der Miene eines Gesichts, die Arbeit eines Augenblicks ist, stehen, und wenn sie ihm kein Genüge tut, so mag an Ordnung, Zeichnung, Farbe das Ganze der Figur vortrefflich sein, er fühlt nichts übriges; es ist ein stetiges Schibboleth unechter Liebhaber der Künste, wenn sie nicht durch die Vortrefflichkeit des Ganzen, sondern durch jeden kleinen Übelstand frappiert werden, oder wenn sie, um zu loben, nach langer Betrachtung endlich bei einer Kleinigkeit in Erstaunen ausbrechen.

Die Höhe der Kunst bei den Griechen war eine Folge der Erziehung der ganzen Nation, jeder Urteiler war beinahe selbst Meister.

Wie der Theseus des Parrhasius mit Rosen, nicht mit Fleiß gemalt (Cicero behauptet pro Caelio: »Ingenium etiam si industria non alitur valet tamen ipsum suis viribus« – daß oft das Genie auch ohne Fleiß durch eigene Kräfte geltend werde), so gilt dies weniger von der Malerei als von andern Wissenschaften; denn das Genie ist bei dem Maler ferne, außer der Gabe des Himmels, die Schönheit zu finden, überall Nahrung für Kunst anzutreffen, auch die durch eine lange Übung nur zu erreichende Fertigkeit, das in seinem Strahle geborne Bild durch mechanische Kunstgriffe darzustellen. »Der Künstler ist vollkommen, wenn die Hand dem Verstand gehorcht«, schrieb Mengs in das Stammbuch eines Künstlers, und dazu gehört bei allem Genie der Fleiß des halben Lebens.

Die alten Künstler pflegten ihre Werke auch von Unerfahrenen beurteilen zu lassen, und sie verbesserten und änderten sie nach dem Urteil des Publici, ja es gab noch welchen, der wollte so entscheidend über die Arbeit urteilen, daß der Künstler nach seinem Urteile entweder belohnt oder bestraft würde. Heutigestages dürfte das Urteil des Publici nicht einmal immer sich als Probierstein am Verdienste des Künstlers beweisen. Da die Unterweisung in der Zeichenkunst mit zur Erziehung gehörte, da war diese Methode so übel nicht; heutigestages, wo die Kunst und die Kenntnis der Künste nur allein im Atelier wohnt, wo wenige urteilen können und alle urteilen, wo zuweilen das Ansehen des Richters, zuweilen nur eine eigensinnige Mode den Ton angibt und über Regeln der Kunst und Natur spottet, in einer Zeit, wo wir die Affektation der Sitten, das Elegante, das Manierierte im gemeinen Leben auch in der Kunst schon finden, wo wir bunte Kleider und bunte Gemälde lieben, in dieser Epoche geht der wahre Künstler einen einsamen, ungebahnten Weg, wo ihm niemand nachfolgt, und wenn das Werk seiner Hände in der Versammlung des Volkes erscheint, so macht es eine Wirkung wie eine europäische Schönheit in Siam; haben wir denn nicht gesehen, daß Poussin, der größte französische Maler, verachtet in der Dürftigkeit lebt, daß Bouchardon, der sich bloß nach den Antiken gebildet hat, sich muß unter der Mode winden oder, vernachlässigt, nicht gebraucht würde? Ist nicht der Porträtmaler der Liebling des Volkes, der sein Bildnis mit Zieraten, mit Schmuck, mit

Farben beladet, der lieber jedes Angesicht schön färbt, als das Auge des Nichtkenners durch dunkle Schatten zu beleidigen?

Sein Gegenstand muß ihm gegenwärtig sein, nicht wie dem Dichter irgendeine Leidenschaft, in die er sich selbst setzen kann. Das Bild muß in seiner Seele stehen und bleiben, solange er malt, mit seiner Farbe und allen Feinheiten der Konturen. Einige Künstler verlieren in der Ferne:

Bei den Alten war die Natur schöner; der Mensch erhob sich oft zum Ideal einer Gottheit, es mag nun Apelles die Venus Anadyomene nach dem Bildnis des Alexanders oder nach der Phryne gemalt haben. Wenn Clemens Alexandrinus recht hat, so war die Phryne mehr als einmal das Urbild der Göttin der Liebe, Merkurius war oft das Porträt des Alkibiades, und Praxiteles zwang die knidische Venus wie Kretien seine unerbittliche Schöne zum Lächeln (malte den Mund nach ihr).

... und so auf dem Wege zu dieser Größe, wohin sich der Liebhaber der Schönheit wendet, findet er abermals die griechische Kunst. Es war eine Zeit, wo man die Formen durch Größe übertrieb, wo man Athleten-Spannung für Ausdruck nahm, selbst Michelangelo ist davon nicht frei, Giulio Romano hat so den Raffael überboten, Berninis Arbeit ist der Triumph dieser Gattung. Man erniedrigt die Würde der Natur, es ist wie eine Theater-Konvenienz; jede Gebärde hat ihr Lächeln vor dem Spiegel. Wollte ich fühlen, wie Einfalt und Hoheit sich über den neuen Flittergeschmack hebt, so will ein Kenner im Zimmer, wo Raffaels und Correggios hängen, nun eine nbsp;...

Fragment eines Gesprächs

Ich: Wie gefällt Ihnen die lyrische Blumenlese? Was halten Sie von der Art, wie R. unsre Dichter behandelt?

M.: Er verdient, dünkt mich, unsern warmen Dank. So übermalte Rubens die Werke seiner Schüler, und der Meisterstücke wurden mehr. Die Sprache aller Schriftsteller veraltet, ihre Farbe verbleicht; wenn sie im Fortgange der Zeit immer aufgefrischt würden, so wandelten sie, in ewiger Jugend, sicher nach der Unsterblichkeit.

Ich: Und ich würde mich für beschimpft halten, wenn selbst Mengs in mein Bildnis eine griechische Nase hineinkorrigierte. So haben sie Holbein aus seinem herrlichsten Gemälde weggepinselt und wegretuschiert. Gebt mir den Künstler mit allen seinen Fehlern, und vertilgt mir seine Eigenheit nicht. Ich zittre, wenn ich denke, daß R. mit der Feile vielleicht seinen eignen Werken noch droht. Der Künstler überlebt seine Periode früh und haucht im Alter Tod auf die Blume des Geistes. Tizian wollte auch die Werke seiner Jugend verbessern, aber ein Schüler, dem es die Nachwelt verdankt, rieb seine Farben mit schwer trocknendem Öl an und wischte die Entheiligung heimlich wieder weg.

Über deutsche Kunstrichterei

Kritik, die erst bei den Alten entstand, als die guten Schriftsteller aufhörten, ist auch unter uns, was man die Partie honteuse von unsrer Literatur nennen möchte. Denn wer hat des Quidams Stimmlein begehrt, wenn ein guter Schriftsteller gelobt wird? Und ist's nicht niedrige Büberei, wenn man ihn verhöhnt und lästert? Beschimpft alsdann der Kritikus, wenn er auch bei Standespersonen diente, nicht die Livree seines Herrn?

Warum bringt nicht jeder auf den Markt, was auf seinem Boden gedeiht, ohne sich um das Wie und Warum seines Nachbarn zu bekümmern. Gute Frucht wird dankbar genossen, schlechte Spreu vom Winde zerstreut. Ein Sündengeld ist's, was man für kritische Artikel dem Publikum imponiert, eine Art Gabelle für aufgedrungenes, kraftloses, unreines Salz.

Man müßte selbst ein Kritikus sein, um zu begreifen, wie mancher, noch im Rücken gelähmt von Bücklingen vor Kammerdienern und Zofen, sich zu der Wichtigkeit aufträumen kann, die gröbsten, dreistesten Machtsprüche über Bücher und Menschen zu tun, oft mit einem Federzug über große verdienstvolle Menschen. Wenn man das Völklein von ihrem Entstehen, vom Ei bis zum Käfer, verfolgt, so kann man vor Lachen nicht zürnen. Erst, wie sie aus dem Konviktorium kriechen – dann einem Junker seine Pfarrstelle abzuwinseln versuchen – dann sich vermieten in eine Druckerei für den halben Lohn des Setzers – dann an ihrem Pult emporschießen – jetzt schwingen ihren Richterarm über alle Geburten des Geistes – jetzt ihren Maßstab aufhängen und messen Helden und Weise – Colberts und Sullys. – Alles das nennen sie dann Rezensentenberuf – Beruf, für Insolenz ein Mittagsessen zu kaufen.

Wie es wohl dem Tropfe zumute sein würde, wenn er manchem verdienstvollen Mann begegnete, den er unter seinem Schlapphut gelästert hat? Nicht viel besser als dem Referenten des Achtprozesses gegen Herzog Moritz von Sachsen, der dem Fürsten in die Hände fiel und vor ihm auf allen vieren kroch.

Viele haben im reiferen Alter ihre tollkühne Minorennität bejammert, und wären nur die Bekehrungsgeschichten mancher Kunstrichter gedruckt, so würden sie wie die Dying Speeches der Missetäter auf Tyburn oft rohe Knaben schrecken. Gray endigt eine bescheidene Kritik über Akensides »Freuden der Einbildungskraft« mit folgender Reflexion: »Und nun, dünkt mich, hab ich in wenig Worten ein Werk brav naseweis abgefertigt, das vielleicht einen scharfsinnigen Mann, der meiner fünfzig wert ist, viele Jahre beschäftigt hat.«[63] Wer noch erröten kann, der erröte; denn Gray war ein Dichter und ein Menschen- und Wissenschaftenkenner von dem sichersten, ausgebreitetsten Geschmack.

Vor einiger Zeit erschien in Frankreich ein bittres Ding, »Le Bureau d'esprit«, womit sich ein Genie an der Madam Geoffrin rächen wollte, weil er vermutlich kam und sich empfahl, als die samtnen Hosen[64] schon ausgeteilt waren. Hierüber haben ein paar akademische Herren aus Mitleiden genickt, als hörten sie ein Pasquill auf ihre Kollegen. Madam Geoffrin war keine Preziöse, sondern eine edeldenkende, vernünftige Frau; und diese Herren sind freilich die beste Gesellschaft, unverschliffen durch ihre Urbanität der großen, feineren Welt; ja sie würden, unter den seichten Witzlingen, zwischen Helvétius und Marmontel, mit ihrem Bücherwitz eine sehr unterhaltende Figur gemacht haben, aber Richter des Lächerlichen in Frankreich sind sie darum doch nicht.

Rezension elender Skribenten ist vollends Abdeckerei, Öffnung des gestorbenen Viehes, um noch ekelhaft vorzudemonstrieren, was wir alle wußten, daß die Krankheit im Blattermagen saß. Wenn erst gute Köpfe diese Gesellen in ihren Buden nicht duldeten, so sänke das Gewerb zur gerechten Verachtung herab, und Rezensentenkinder müßten ehrlich gemacht werden, um ein zunftmäßiges Handwerk zu lernen. Voriges Jahr gefiel mir der Vorschlag im »Merkur«, Autoren ohne Geschwätz, nur durch ein Zeichen zu richten, unsterbliche Werke mit Schwabacher zu drucken, vergängliche mit einem Kreuz zu bezeichnen, wie die gestorbenen Freunde im Stammbuch. Jenes war das Goldene Vlies, dies der Lazarusorden

---

[63] »And so methinks in a few words I have very pertly dispatched what perhaps my for several years have employed a very ingenious man worth fifty of myself.« (»Poems of Mr. nbsp;Gray, with Memoirs of His Life and Writings by W. nbsp;Mason«, IV. nbsp;section, let. nbsp;2, p. nbsp;176)

[64] Deren sie, nach der elend witzigen Dichtung des Verfassers, jährlich ein Dutzend unter Beaux Esprits verschenkt haben soll.

der Autoren. Ich empfehle diese Methode allen Kritikern; sie kränkt und beleidiget niemand und befriediget eine harmlose Neugierde. Man erfährt, was für Leuten der Mann seine Bänder umgehangen hätte, wenn er ein großer Herr geworden wäre.

Über tredition

Eigenes Buch veröffentlichen

tredition wurde 2006 in Hamburg gegründet und hat seither mehrere tausend Buchtitel veröffentlicht. Autoren veröffentlichen in wenigen leichten Schritten gedruckte Bücher, e-Books und audio-Books. tredition hat das Ziel, die beste und fairste Veröffentlichungsmöglichkeit für Autoren zu bieten.

tredition wurde mit der Erkenntnis gegründet, dass nur etwa jedes 200. bei Verlagen eingereichte Manuskript veröffentlicht wird. Dabei hat jedes Buch seinen Markt, also seine Leser. tredition sorgt dafür, dass für jedes Buch die Leserschaft auch erreicht wird.

Im einzigartigen Literatur-Netzwerk von tredition bieten zahlreiche Literatur-Partner (das sind Lektoren, Übersetzer, Hörbuchsprecher und Illustratoren) ihre Dienstleistung an, um Manuskripte zu verbessern oder die Vielfalt zu erhöhen. Autoren vereinbaren direkt mit den Literatur-Partnern die Konditionen ihrer Zusammenarbeit und partizipieren gemeinsam am Erfolg des Buches.

Das gesamte Verlagsprogramm von tredition ist bei allen stationären Buchhandlungen und Online-Buchhändlern wie z. B. Amazon erhältlich. e-Books stehen bei den führenden Online-Portalen (z. B. iBookstore von Apple oder Kindle von Amazon) zum Verkauf.

Einfach leicht ein Buch veröffentlichen: **www.tredition.de**

Eigene Buchreihe oder eigenen Verlag gründen

Seit 2009 bietet tredition sein Verlagskonzept auch als sogenanntes "White-Label" an. Das bedeutet, dass andere Unternehmen, Institutionen und Personen risikofrei und unkompliziert selbst zum Herausgeber von Büchern und Buchreihen unter eigener Marke werden können. tredition übernimmt dabei das komplette Herstellungs- und Distributionsrisiko.

Zahlreiche Zeitschriften-, Zeitungs- und Buchverlage, Universitäten, Forschungseinrichtungen u.v.m. nutzen diese Dienstleistung von tredition, um unter eigener Marke ohne Risiko Bücher zu verlegen.

Alle Informationen im Internet: **www.tredition.de/fuer-verlage**

tredition wurde mit mehreren Innovationspreisen ausgezeichnet, u. a. mit dem Webfuture Award und dem Innovationspreis der Buch Digitale.

tredition ist Mitglied im Börsenverein des Deutschen Buchhandels.

Dieses Werk elektronisch lesen

Dieses Werk ist Teil der Gutenberg-DE Edition DVD. Diese enthält das komplette Archiv des Projekt Gutenberg-DE. Die DVD ist im Internet erhältlich auf **http://gutenbergshop.abc.de**

Zeitfracht Medien GmbH
Ferdinand-Jühlke-Straße 7
99095 Erfurt, Deutschland
produktsicherheit@kolibri360.de